Rosen – Freunde fürs Leben

Marion Nickig
Lioba Riedel-Laule

Rosen

Freunde fürs Leben

Ellert & Richter Verlag

Inhalt

I.
Gartengestaltung mit historischen Rosen, ihren modernen Gefährtinnen und ihrem Stauden-Hofstaat

Einleitung

Am Anfang war der Mensch und seine Sehnsucht nach Liebe und Geborgenheit, nach Schönheit und Vollkommenheit. Es könnte ebenso die Rose gewesen sein wie der Apfel, die in diesem Sinne seinerzeit Adam verführt hat – ein Gedanke, der gar nicht so abwegig ist, denn Apfel und Rose haben dieselben Ahnen, sind beide Gehölze und zählen zu den Gewächsen aus der Familie der „Rosaceae".

Rosen begleiten den Menschen schon seit sehr langer Zeit, aber wir sollten davon ausgehen, daß für ihn nicht die 5-blättrige kleinblütige Ur-Rose von dem Interesse war, wie wir es heute mit den vielen Arten und Sorten kennen. Ihre Blüte war genauso unscheinbar wie die einer Erdbeere oder eines Mandelbaums, und die Früchte, eher harte, rote Beeren mit haarigem Innenleben, waren nicht gerade eine Delikatesse. Aber Rosen haben bis heute ein unglaubliches Evolutions-Potential: Duft, Samtigkeit der Blütenblätter und Form der Blüte waren die den Menschen reizenden Merkmale dieser Pflanze. Aber dennoch: Dieser Duft und die Blüten alleine können es nicht gewesen sein, die die Rosen ihren Siegeszug antreten ließen. Es waren wohl in erster Linie ihre runde Form und die goldenen Staubgefäße. Der beim Menschen als erstes ausgebildete Sinn ist der des Erkennens seiner Mutter: Ihr Geruch, die Form ihrer Brüste, der Strom warmen Lebenselixirs.Und als Herodot von einer dicht gefüllten Rose mit hundert Blütenblättern sprach, entsprach genau dies unserer Vorstellung von Geborgenheit und Liebe, diesem ersten Ereignis, welches uns für das ganze spätere Leben prägt.

Denken wir an die Rolle, die Rosen schon bei den vergangenen Hochkulturen wie – um nur drei Beispiele zu nennen – den Römern, Ägyptern und Griechen spielten: Von den Römern wissen wir, daß Rosen in durch warme Quellen gespeisten Gewächshäusern zur vorzeitigen Blüte angeregt wurden und bei Festen unverzichtbar waren, ob als Girlanden, zu Süßspeisen zubereitet oder um Widersacher unter Tonnen von ihren Blütenblättern – zart aus der Decke herabrieselnd – zu ersticken. Bei ägyptischen Mumien wurden Rosen-Pollen gefunden. Indiz dafür, daß geliebte oder wichtige Menschen mit Rosen bekränzt bestattet wurden. In Homers Ilias wurden Helden mit Rosenöl balsamiert, und Rosenöl wird auch in ägyptischen und indischen Überlieferungen genannt.

Die in dieser Zeit bei uns vorkommenden Rosen waren wilde, heute noch existierende Sorten, vor allem die *Rosa canina* (die Hundsrose), die *Rosa arvensis* (kriechende Ackerrose) und die *Rosa rubiginosa* (die Weinrose oder Schottische Zaunrose), allesamt ungefüllt und Hagebutten tragend. Das erste überlieferte schriftliche Zeugnis von einer Rosenzucht in Deutschland stammt von Karl dem Großen (Krönungsjahr 800 n. Chr.). Er empfahl in einer Verordnung über seine Landgüter und Gärten die Aufzucht der Rose neben der der Lilie.

Rosen wurden von Künstlern der Alt- und Neuzeit gemalt: Die Mutter unseres Erlösers und ihr Gegenpart weltlicher Macht wurden mit ihnen geschmückt. Die sinnlichsten aller Rosen malte jedoch – nach meiner Empfindung – Rubens. Er zeigte die Rosen genau so wie sie sind: üppig, schwelgend, sehr sinnlich und verführerisch.

Vorhergehende Seite:
Wenn Sie Rosenbögen mit einmal blühenden historischen Rosen wie 'Variegata di Bologna' (im Vordergrund) oder 'Tuscany Superb' (am Bogen im Hintergrund) beranken lassen, ist der Rückschnitt von besonderer Wichtigkeit. Dieser erfolgt gleich nach der Blüte und nochmals im September. Alle Seitentriebe sollten danach auf wenige Augen gekürzt und in etwa gleich lang sein.

Oben: Das Bouquet mit Rosen des Züchters Harkness verströmt einen starken Rosenduft. Die makellosen Blüten verraten nicht, daß sie im Regen geschnitten wurden und es auch zuvor ausgiebig geregnet hatte. Wir komponierten mit Kletterrosen wie 'Times Past', 'Perpetually Yours', 'Penny Lane', Strauchrosen wie 'Amber Abundance', 'White Gold', 'Great North Eastern Rose' und der duftenden Bodendecker-Rose 'Baroque Floorshow'.

Unser Garten ist am schönsten, wenn die historischen Rosen in voller Blüte stehen. Im Vordergrund links wächst 'Camaieux', rechts daneben die Remontant-Rose 'Reine des Violettes', dahinter 'Mutabilis' und im Hintergrund 'Brenda Colvin', die mächtige Rankrose, die eine Ecke des Gartens vollständig ausfüllt.

Delbard züchtet Rosen, die mit wenig Pflege auskommen, für Standorte wie Hecken oder schlecht zugängliche Stellen. ʻClos Fleuri Rose' ist eine von ihnen. Sie bildet farblich mit dem Fingerhut (*Digitalis*) ein harmonisches Paar.

Die Züchtung neuer Rosen

Die Bereitwilligkeit der Rose, sich zu immer neuen bezaubernden Spezies manipulieren zu lassen, war wohl ein Grund dafür, daß sie sich dauerhaft einen Platz in unseren Gärten und Herzen sichern konnte. So entstanden im Laufe der Jahrtausende immer neue Rosen-Varianten. In den einzelnen Erdteilen der Alten Welt hatten sich völlig unterschiedliche Ur-Rosen entwickelt. Als durch den Handel andere Länder entdeckt und erschlossen wurden, fanden Forscher und Händler auch die dort einheimischen Rosen. So gab es beispielsweise in China und Japan kaum duftende Spezies mit zarten Stielen und Blättern. Die Blüten waren dicht bis locker gefüllt und vom Frühjahr bis Spätherbst blühend. Es gab dort auch mächtige, einmal blühende Rankrosen mit bis zu 10 m langen, biegsamen Trieben und herb duftenden kleinen Blüten in Dolden. Vor allem die wiederholte Blüte der zuerst Genannten war eine Sensation, und es ist anzunehmen, daß die bei den Römern sehr verehrte *Rosa* x *damascena* 'Bifera' eine der ersten Kreuzungen aus den damals bekannten einmal blühenden, stark duftenden Damascener-Rosen mit den neu importierten Rosen aus China war.

Aus China kam dann im 19. Jahrhundert auch eine weitere, die abendländische Rosen-Zucht revolutionierende Pflanze: die gelbe Teerose mit den Merkmalen stark und herb duftend, gefüllt, mit edlen langen Knospen, wiederholt blühend und nicht winterhart. Ohne sie würden noch heute alle uns bekannten Rosen nur im Farbspektrum von weiß über rosa bis hin zu karmesin- und dunkelrot blühen. Zur Rosenzucht im allgemeinen: Erst Mitte des 18. Jahrhunderts war bekannt, daß Rosensamen durch die Vereinigung von Eizelle (Stempel) und Samenzelle (Blütenstaub) entstehen konnte. Davor müssen demnach alle „gezüchteten" Rosen mehr oder weniger Zufallsprodukte gewesen sein.

Mythos Rose

Es gibt herrliche Geschichten rund um den Mythos Rose. Hier einige Kostproben:

Im Mittelalter finden Ritterspiele statt. Zwei gegnerische Fürstenhäuser vertretende Ritter stehen sich gegenüber und kämpfen erbittert. Auf den geschmückten Logenplätzen sitzt der Hausherr mit seiner Gemahlin und den Töchtern. Am Ende des Tages ist der Sieger ermittelt. Mit schweren Blessuren, aber immer noch aufrecht im Sattel lenkt der Ritter sein Pferd vor die Loge, senkt seine Lanze und nimmt den Helm zum Gruß der Adeligen ab. Eine der Töchter wirft ihm anmutig und zielsicher eine Rose zu, er nimmt sie an als Geste der Wertschätzung und im Wissen, daß er ihr Held und Auserwählter ist.

Oder stellen Sie sich folgende Situation vor: Im 19. Jahrhundert ist eine Seeblockade im Gange, feindliche Schiffe stehen sich gegenüber, eine Seeschlacht steht kurz bevor. Auf einem der Schiffe wird eine Flagge mit einer Rose gehißt. Dies war das Signal dafür, daß Rosenpflanzen an Bord waren, und das Schiff durfte die feindlichen Linien passieren. Solche Situationen zeigen uns die magische Kraft der Rose, die sich über kleinliche Machtspiele hinwegsetzt.

Zu dieser Zeit galt es bei weltlichen und kirchlichen Fürsten als vornehm, die exquisitesten Rosen aus aller Welt vorzeigen zu können. Welch ein Luxus, wenn Gäste im sehr zeitigen kalten Frühjahr in Versailles mit stark duftenden gelben Teerosen begrüßt werden konnten! Diese wurden auch in den Gemächern der Gäste und auf den festlich geschmückten Tafeln verteilt. Im langsamen Sterben verströmen sie ihren Duft am intensivsten. Wer heute im Kalt-Gewächshaus Teerosenpflanzen kultiviert, weiß, wieviel Pflege und Fingerspitzengefühl notwendig sind, um diese Raritäten gesund zu erhalten.

In den Klostergärten wurden Rosen gerne auch

als Heilpflanzen gehalten. Es war bekannt, daß Konfitüre aus den Hagebutten gegen mancherlei Erkrankungen half. Der Sage nach hat ein Kreuzritter die ersten Exemplare der *Rosa gallica* 'Officinalis' den Mönchen eines Klosters bei Provins (südlich von Paris) überbracht, wo sie vermehrt und anschließend auch zur Gewinnung von Rosenöl genutzt wurden. Es wird auch behauptet, daß Frankreich aus diesem Grunde zur Hochburg der Parfüm-Industrie geworden ist. Ich halte dies für ein Märchen, denn die Gallica-Rosen besitzen nicht das Parfüm, welches Rosen in den heißeren Gegenden der Welt, beispielsweise in Indien oder im Nahen Osten, produzieren können. Dort waren

weitaus lieblicher duftende Spezies wie zum Beispiel die Damascener-Rosen oder die Centifolien schon seit Jahrtausenden zur Gewinnung von Rosenöl bekannt. Und da der Handel mit diesen Ländern zu jener Zeit schon in vollem Gange war, ist anzunehmen, daß sich die Parfümeure die Öle von Händlern besorgen ließen. Den Beruf des Parfümeurs – wie wir ihn heute kennen – gab es damals noch nicht, das Mischen von wohlriechenden Essenzen wurde ursprünglich von Handschuhmachern vorgenommen, die damit das Leder der Handschuhe bedufteten. Später hat sich daraus der Beruf des Parfümeurs entwickelt.

Links: In unserem privaten Garten ziehen wir 'Mutabilis' als Kletterrose an einer warmen, sonnigen Wand.
Oben: Bei Neuzüchtungen wie 'Grimaldi' ist die Gesundheit ein wichtiges Kriterium. Sie wurde im Jahr 1999 in Monza mit der Silbermedaille ausgezeichnet.

Roses du temps passé

Wenn in diesem Buch von „historischen" Rosen die Rede ist, sind es Arten, die schon seit sehr langer Zeit kultiviert werden oder deren direkte Nachfahren. Es liegt nicht in meinem Sinne, haargenau zu unterscheiden, wo eine historische Rose noch so genannt werden darf und wo es sich bereits um eine moderne Sorte handelt. Wichtig ist, daß alle hier vorgestellten Rosen sich in jedem Garten bewähren, manche mit mehr und manche ohne jegliche Pflege. Auch wenn es heutzutage traumhaft schöne neue Züchtungen gibt, die Duft und Charme ihrer Vorfahren mit wiederholter Blüte kombinieren, sollte meiner Meinung nach doch in jedem Garten zumindest eine historische Rose ihren Platz finden. Denn unbestritten ist: Die Blütenfülle einer einmal im Jahr blühenden Rose, die unterschiedliche Art des Wuchses bei den verschiedenen Sorten, die Vielfalt an Duftnoten, an Formen und Arten bei den Blättern, den Trieben und selbst den Stacheln ist etwas Einzigartiges und eine lohnende Entdeckung wert. Ganz nebenbei ist die Wuchsfreudigkeit historischer Sorten bemerkenswert. Glauben Sie ruhig den bei den Beschreibungen angegebenen Maßen. Und falls Sie eine solche Rose doch nicht an einen Platz gepflanzt haben sollten, der ihr volle Entwicklungsfreiheit gestattet: Starker Rückschnitt hält solche Rosen niemals kleiner, ermutigt eher zu noch stürmischerem Wachstum.

Es gibt noch heute etwa 2.000 historische Rosensorten. Die meisten werden nicht mehr in ausreichend großen Stückzahlen und guter Qualität angeboten. Ein Sammler muß oftmals lange suchen, bis er genau die Rose gefunden hat, die ihm zu seinem ganz persönlichen Glück noch fehlt.

Im Rosarium von Sangerhausen finden Sie die größte Sammlung historischer Rosen in Europa.

Hier lohnt ein Besuch im Juni für alle, die ihre Wunsch-Rose bei den nachfolgenden Sorten nicht finden. Aber es ist dennoch fraglich, ob Sie eine dort endlich gefundene Rarität jemals Ihr eigen nennen können. Nehmen wir an, Sie haben die Möglichkeit, an „Augen", das ist das Vermehrungsmaterial der Rosen, heranzukommen und Sie finden einen Züchter, der bereit ist, für Sie diese Rose zu vermehren, dann würde er wenigstens eine Abnahmemenge von 10 Stück benötigen, um einigermaßen auf seine Kosten zu kommen. Denn um diese 10 Stück zu erhalten, müßte er zwischen 30 und 100 Rosen okulieren. Das ganze Prozedere würde bis zur fertigen Rose beinahe zwei Jahre dauern. Pro Rose müßte dann mit einem Kostenaufwand gerechnet werden, der bei etwa € 25,– liegt. Ich hatte einmal eine Anfrage von einem renommierten deutschen Automobil-Hersteller, der das Revival einer Rose wollte, und kenne deshalb diese Details.

Vorstellungen schöner historischer Rosen

Wandeln Sie mit der Fotografin Marion Nickig und mir in reizvollen, inspirierenden Rosengärten, genießen Sie den Zauber der Rosen zunächst auf der Abbildung, und holen Sie sich die Schönheiten zu gegebener Zeit in den eigenen Garten oder – wenn es die Sorte erlaubt – auf einen schönen Platz auf Terrasse oder Balkon. Schwelgen Sie in Rosendüften und verwöhnen Sie sich und Ihre Gäste mit ausgefallenen Rosen-Dekorationen und Rosen-Delikatessen. Eine Auswahl bewährter historischer Sorten, den Rosen-Königinnen, um welche sich alle Nachfahren wie ein ehrfurchtsvoller Hofstaat gruppieren, wird auf den folgenden Seiten vorgestellt.

Ab Mitte Mai, etwa 6 bis 8 Wochen lang, präsentiert sich dieses Beet mit historischen Rosen wie 'Königin von Dänemark', 'Alfred de Dalmas', 'Fantin Latour' und 'Comte de Chambord' in vollster Pracht. Die einmalblühenden Sorten werden nach der Blüte in Form geschnitten, bei der mehrmals blühenden 'Comte de Chambord' schneiden Sie verblühte Rosen ab, damit die Nachblüte angeregt wird.

Gallica-Rosen

Steckbrief:

Blühdauer: Ab Mitte Mai ca. 4–6 Wochen
Wuchs: Gallica-Rosen werden nicht sehr hoch. Etwas über einen Meter ist der Durchschnitt, dafür wachsen sie in die Breite, werden also etwa gleich breit wie hoch. Deshalb vergleiche ich sie von der Wuchsform her auch gerne mit einem in Form geschnittenen Buchs.
Standort: Sonnig bis halbschattig, Stauwärme sollte vermieden werden, denn sonst können die Blätter von Mehltau befallen werden. In sehr kalten Gegenden und in Höhenlagen im Winter anhäufeln.
Duft: Würzig, intensiv
Geschmack der Blütenblätter: Bitter
Haltbarkeit in der Vase: 1–2 Tage

Hagebutten: Werden nicht regelmäßig gebildet. Außerdem werden bei dieser Sorte durch den Formschnitt nach der Blüte die meisten abgeblühten Triebenden abgeschnitten.
Rückschnitt: Nach der Blüte erhält der Strauch einen Formschnitt. Dabei werden alle nicht blühenden Triebe bis auf die Höhe abgeblühter Zweige zurückgeschnitten, die Rose hat danach eine kugelige Form, vergleichbar mit einem Buchs. Im September werden hohe Triebe, die sich in der Zwischenzeit wieder gebildet haben, wiederum auf diese Höhe zurückgeschnitten. Schneiden Sie nur in Notfällen – wenn Sie z. B. den Schnitt nach der Blüte und im Herbst verpaßt haben sollten – im Frühjahr, denn wie jede „einmal im Jahr" blühende Rose blüht eine

Gallica an Trieben, welche sie im Vorjahr gebildet hat. Durch einen Rückschnitt im Frühjahr nehmen Sie der Rose viele Augen, an denen sie blühen würde. Der Rückschnitt nach der Blüte reduziert im übrigen auch eine Neigung dieser Gattung, nach dem Abblühen für Mehltau anfällig zu werden, sofern der Standort nicht gut durchlüftet ist. Mit den Jahren wird sich im Zentrum des Strauches totes Holz bilden. Dieses sollte herausgeschnitten werden, damit der Strauch noch gut durchlüftet werden kann und um Staunässe und damit verbundenen Pilzkrankheiten entgegenzuwirken. Wird eine Gallica nicht zurückgeschnitten, gerät sie aus der Form, wird bis zu 2 m hoch und bringt nur noch wenige Blüten.

Gallica-Rosen sind – wie zuvor im Text angedeutet, die ersten „Nicht-Wildrosen", die während der Kreuzzüge zu uns ins Abendland gelangten. Sie sind außerdem Stammütter der Damascener-, Centifolien- und Alba-Rosen, die wir Ihnen in folgenden Abschnitten noch vorstellen werden. Gerade um diese Rosen-Familien ranken sich eine Menge Geschichten.

Gallica-Rosen blühen im späten Frühjahr je nach Gegend ab Mitte Mai oder Anfang Juni etwa 4 Wochen lang. Die Blühdauer ist abhängig von der Witterung. Wenn es sehr heiß oder sehr naß ist, leiden die Blüten. Diese sind gerade bei den Gallica-Rosen von Sorte zu Sorte sehr unterschiedlich. Manche sind handtellergroß und dicht gefüllt, andere zeigen eine locker gefüllte Blüte und ihre Staubgefäße.

Dies sind die Bestseller meiner Gallica-Rosen:

Belle Isis

Die zart hellrosa Blüten werden nach der Mitte hin dunkler, sie sind dicht gefüllt und mit einem Durchmesser von etwa 4 – 5 cm mittelgroß. Die Rose wird 120 cm hoch und 90 cm breit. Sie wurde im Jahr 1845 von Parmentier eingeführt.

Cardinal de Richelieu

Sie bringt von allen Gallicas die dunkelsten Blüten: dunkelrot mit einem Hauch von Violett. Die Blütenblätter rollen sich beim Abblühen stark zurück. Sie ist sehr wuchskräftig und kann als Kletterrose gezogen werden. Wir werden im Laufe unseres Streifzugs durch Historische Rosen einige Sorten beschreiben, die diese Eigenart aufweisen, durch Schnitt sowohl als Kletter- wie auch als Strauchrose gezogen werden zu können (auch bei einigen modernen Rosen gibt es dieses Verhalten). Als Kletterrose erreicht sie eine Höhe von ca. 300 cm, als Strauch bleibt sie bei etwa 140 cm Höhe und einer Breite von 100 cm. Sie wurde im Jahr 1840 von Laffay eingeführt.

Sie lesen jetzt schon zum wiederholten Male, daß eine Rose „eingeführt" wurde. Ich erkläre Ihnen gerne, was der Unterschied zwischen züchten, vermehren und einführen ist: Ein Rosenzüchter bestäubt eine Mutterpflanze mit den Samen einer anderen Sorte und züchtet daraus eine neue Sorte. Ein „Vermehrer" – leider gibt es diesen Namen nicht offiziell, sie werden „Züchter" genannt, und hierdurch entstehen oftmals Mißverständnisse – benutzt Reiser edler Rosen, um sie so zu vermehren, daß sie auf dem Markt angeboten werden können. Eine Person oder ein Betrieb, welcher eine Rose „einführt", hat diese entweder zufällig entdeckt und läßt sie anschließend vermehren, um sie auf den Markt zu bringen, oder er hat sie bereits in ausreichender Stückzahl vermehrt gefunden und stellt sie anschließend einem neuen Markt vor.

Aber zurück zu den Gallica-Rosen:

Charles de Mills

Diese beeindruckt durch dunkelrosa Blüten. Auffallend ist die Blütenform: Dicht gefüllt, die inneren Blütenblätter geviertelt. Auch bei den direkten Nachfahren der Gallicas und bei modernen Sorten stoßen wir immer wieder auf diese Form. Sie ist wichtig zur Entfaltung des Duftes. 'Charles de Mills' wurde 1830 eingeführt und wird 150 cm hoch und 120 cm breit.

Gloire de France

Die Blüten sind von hellviolett-rosa Farbe und verströmen einen starken Duft. Sie sind dicht gefüllt und zunächst kugelförmig. Im Auf- und Abblühen rollen sich die Blütenblätter zurück. Da sie nur 90 cm hoch und genauso breit wird, kann sie sehr gut als solitär stehende Rose zwischen höheren Stauden gepflanzt werden. Sie wurde 1820 von Roser eingeführt.

Tuscany Superb (auch: Samtrose)

Nur wenige Rosen unserer Auswahl tragen einen deutschen Namen: 'Tuscany Superb' heißt auch Samtrose. Sie wurde bereits im Jahre 1597 von Gérard erwähnt und bezaubert durch tief dunkelrote, gefüllte Blüten mit kontrastierenden, goldfarbenen Staubgefäßen. Wenn diese Rose als Strauch gezogen werden soll, muß sie immer wie

Vergleichen Sie 'Gloire de France' mit der aus derselben Rosen-Familie stammenden 'Officinalis', zeigt sich die Vielfalt von Farben und Blütenformen, die innerhalb derselben Gattung zu finden sind.

eingangs erwähnt zurückgeschnitten werden. Sie kann auch als Kletterrose gezogen werden und erreicht dann eine Höhe von 300 cm. Als Strauch wird sie 150 cm hoch und genauso breit.

Ich habe bei der Beschreibung dieser Rosen-Gattung bereits angedeutet, daß sich Geschichten um sie ranken. Bei einigen der nachfolgenden Sorten ist dies der Fall. Denn: Im Mittelalter gab es mit Sicherheit noch keine Baumschulen, wie wir sie heute kennen. Eine edle Gallica wurde nicht auf dem Markt angeboten. Sie wurde wie ein wertvol-

Einen eindrucksvollen Auftritt bietet die kardinalrote Gallica-Rose 'Charles de Mills'. Von dieser Rose wurden 5 mit einem Abstand von 50 cm gepflanzt, um diese Fülle zu erzielen.

Oben: 'Cardinal de Riche-
lieu' hat von allen Gallicas
die dunkelste Blütenfarbe.
Sie wirkt am schönsten in
Kombination mit weiß blü-
henden Stauden oder vor
einer weißen Wand.
Unten: Verglichen mit anderen Gallicas bleibt 'Belle
Isis' mit max. 120 cm Höhe
verhältnismäßig klein.

'Officinalis' trägt im Herbst schöne Hagebutten, aus denen im Mittelalter „heilkräftige" Marmeladen hergestellt wurden und die heute noch für diese Köstlichkeit verwendet werden. Besonders prächtig wirkt sie in der Kombination mit Lavendel.

les Gut per Pferde-Kurier von Kloster zu Kloster und von Schloß zu Schloß transportiert und von den stolzen Besitzern sorgsam am schönsten Platz im mit hohen Mauern umgebenen Garten gepflanzt. Anschließend durfte sie nur von ausgesuchtem Personal gepflegt werden. So war sie wertvoll genug, um in Geschichten der damaligen Zeit eingeflochten zu werden.

Rosa gallica 'Officinalis'

Der Sage nach überreichte diese Rose der Kreuzritter Theobald VI. auf dem Rückweg von seinem Kreuzzug den Mönchen des Klosters von Provins (Frankreich, südöstlich von Paris). Sie gilt als Stammutter aller anderen, anschließend gezüchteten Gallicas und ihrer Enkel, der Rosen der Gattungen Damascener, Centifolien und Alba. Die Blüten von dunkelrosa Farbe sind locker gefüllt, die goldenen Staubgefäße sind erkennbar. Sie wird 120 cm hoch und 120 cm breit.

Empress Joséphine (auch l'Impératrice Joséphine)

Bei ihr handelt es sich um eine Hybride zwischen einer Gallica und der *Rosa cinnamomea*, die im Jahr 1583 von Clusius erstmals genannt wurde. Die großen, klarrosa Blüten sind zur Mitte hin dunkler, die Blütenblätter am Rand gekräuselt. Das Laub ist hellgrau und bildet einen schönen Kontrast zur Farbe der Blüten. Hier sollten die abgeblühten Blüten erst spät im Jahr abgeschnitten werden, denn es bilden sich schöne Hagebutten in Form eines Turbans. Deshalb wurde diese Sorte früher auch „Turbinata" genannt. Sie wird 100 cm hoch und etwa gleich breit.

Diese Rose erhielt ihren Namen, weil sie die Lieblingsrose von Kaiserin Joséphine, der Gattin Napoleons I., war. Wir würden sie heute als verrückt nach Rosen, Rosen-Fan oder abgedrehte Rosenfreundin bezeichnen. Außerdem war sie mächtig und reich genug, um in dieser Zeit ihrem Hobby frönen zu können. Aus aller Welt ließ sie Rosen nach Frankreich kommen, meistens per Schiff und manchmal selbst in Kriegszeiten. Wir können heute sicherlich nicht ermessen, wie aufwendig es war, Rosen aus anderen Erdteilen zu uns nach Europa zu transportieren. Jedenfalls sollte jeder Rosenfreund dieser Frau dankbar sein, denn ohne ihre Passion für die Rose gäbe es heute wahrscheinlich nicht die Vielzahl und Auswahl. Sie be-

blühen überrascht. Pikanterweise wurde sie nach Baudelaires attraktiver Mätresse benannt. Doch galt es im 19. Jahrhundert als Status-Symbol, sich eine Mätresse leisten zu können. Diesen Damen der Gesellschaft wurde dieselbe Hochachtung entgegengebracht wie den angetrauten Frauen, und wenn sie besonders begehrenswert waren, waren sie auch für den Namen einer Rose gut genug. Die Knospen öffnen sich purpurrot und verfärben sich weiß, violett und lila beim Abblühen. Wenn wir Rückschlüsse auf die Person ziehen – Jenny Duval war sicher eine interessante Frau! Die großen Blüten der Rose sind geviertelt und duften kräftig. Wir kennen nicht das genaue Datum der Einführung – wahrscheinlich war es das Jahr 1830 – und auch nicht den Namen der Person. Die Rose wird 120 cm hoch und 90 cm breit.

Links: Die Blüte von 'Empress Joséphine' hat einen Durchmesser von 10 cm, die Blütenblätter sind so zart, daß sie an ein Gebilde aus Seide erinnern. Rechts: 'Jenny Duval' verändert ihre Blütenfarbe von einem Purpurrot über Rosétöne zu einer Lilanuance, was neben dem Duft ihren besonderen Reiz ausmacht.

schränkte sich nicht nur darauf, Raritäten in ihrem Garten in Malmaison zu besitzen, sondern betraute auch den Maler Pierre-Joseph Redouté und den Botaniker Thory mit dem exakten Skizzieren bzw. der Bestimmung der einzelnen Spezies. Die Bilder von Redouté sind heute noch bekannt, und Thory gestehen wir zu, daß selbst mit den heute ausgefeilten Methoden der Gen-Bestimmung kaum bessere Resultate erzielt werden.

Jenny Duval

Sie ist eine Gallica, die wie kaum eine andere durch ein Farbenspiel von der Knospe bis zum Ab-

Steckbrief:

Blühdauer: Ab Mitte Mai 2–4 Wochen lang, je nach Wetter. Eine Kundin erzählte mir, daß sie während der Blüte über dem Strauch einen großen Schirm aufstellt. So geschützt würde ihre 'Fantin Latour', die sie in einem Obelisken gezogen hat, wenigstens 14 Tage länger blühen.
Wuchs: Sie werden etwa 150 cm hoch, mit Ausnahmen
Standort: Vollsonnig
Duft: Stark, angenehm und zart rosig
Geschmack: Würzig, leicht süß, eignen sich gut für Rosen-Delikatessen
Haltbarkeit in der Vase: 1–2 Tage
Hagebutten: Werden unregelmäßig gebildet. Bleiben oftmals völlig aus.
Rückschnitt: Siehe Gallica-Rosen

Centifolien

Bei dieser Rosenart gibt es zwei Eigenschaften, die sie für mich besonders reizvoll machen: zunächst daß sie mir von allen Rosen roh am wohlschmeckendsten ist. Sie lesen richtig: Rosenblätter verschiedener Sorten haben ihren ganz eigenen Geschmack, und ich esse sie am liebsten direkt vom Strauch. Die Blütenblätter der Centifolien schmecken leicht süßlich und würzig, dabei doch intensiv nach Rose. Ich dekoriere gerne Salate und Desserts mit den duftigen Blüten oder einzelnen Blütenblättern. Selbstverständlich wurden die Sträucher zuvor nicht mit Gift gespritzt und nur mit organisch-mineralischem Dünger gedüngt. Und dann, als zweites hervorragendes Merkmal dieser Rosenart: dieser herrliche, verführerische Rosenduft. Die Centifolien duften meiner Nase nach von allen Rosen am „lieblichsten, rosigsten". Der Name wird im übrigen aus der lateinischen Sprache abgeleitet, centi folia bedeutet hundert Blütenblätter. Centifolien werden schon seit einigen Jahrhunderten in Südfrankreich zur Gewinnung von Rosenöl angebaut. Sie blühen ab Mitte Mai etwa 4 Wochen lang (deshalb ist ihr französischer Name auch 'Rose de Mai').

Blanchefleur

Einige Parfümeure rühmen sich, für spezielle Düfte nur die Essenzen weißer Blüten verwendet zu haben. Ganz sicher ist dann diese Rose ein Bestandteil des Parfüms. Ihre Blüten sind mittelgroß und dicht gefüllt, ihr Duft ist süß und kräftig. Die weißen Blüten zeigen manchmal einen Hauch Rosé, der intensiver ist, wenn die Tage oder Nächte kalt sind. Von allen Centifolien blüht sie am zeitigsten. Sie wird 120 cm hoch, ohne entsprechenden Rückschnitt auch höher und 90 cm breit. Vibert hat sie im Jahre 1846 eingeführt.

Rosa centifolia

Wenn Sie auf Gemälden holländischer und flämischer Meister Rosen entdecken, handelt es sich dabei mit fast 100prozentiger Sicherheit um diese Rose. Natürlich wurden die Farben je nach Geschmack etwas abgewandelt, manchmal wurde sie etwas blasser, manchmal intensiver rosa gemalt. Die Holländer behaupteten, die Centifolien gezüchtet zu haben. Heute deutet alles darauf hin, daß sie von den Spaniern nach Holland gebracht wurden, die diese wiederum von den Mauren erhalten hatten. Leider gibt es hierüber keine sicheren Quellen. Diese Rose bringt schön geformte, becherförmige Blüten. Sie sind rein rosa, ihr Duft ist – wie bei allen Centifolien – stark und angenehm. Sie wird 150 cm hoch und fast genauso breit. Eingeführt wurde sie wahrscheinlich um 1600, von wem, ist nicht bekannt.

Fantin Latour

Sie ist eine der bekanntesten alten Rosensorten, weil sie einfach schön ist und alles harmoniert: Die traumhaft zarten Blüten verströmen einen lieblichen Rosenduft, sie sind groß und perfekt gefüllt, nicht zu dicht und nicht zu locker. Außerdem hat sie die Wuchskraft, auch an Säulen, Pergolen oder Bögen gezogen zu werden. Ihren Namen erhielt sie zu Ehren des Malers Henri Fantin-Latour. Eingeführt wurde sie um 1850, auch hier ist nicht bekannt, von wem. Als Strauch gezogen wird sie 150 cm hoch und 120 cm breit, als Kletterrose erreicht sie ca. 300 cm.

Rose de Meaux

Sie zählt zu den kleinwüchsigen Centifolien mit einer Höhe von 90 cm und ist eine Augenmutation der Centifolia. Der Blütendurchmesser ist nicht größer als 3 cm, die kleinen Blüten sind dicht gefüllt und duften stark.

Links: Aus *Rosa centifolia* wurden alle anderen Sorten aus dieser Rosen-Familie gezüchtet.

Oben: 'Fantin Latour' besitzt eine so große Wuchskraft, daß sie als Kletterrose gezogen werden kann. Sie erreicht dann eine Höhe von bis zu 3 m.

Unten: Die weiße 'Blanchefleur' zählt zu den wohlschmeckendsten Rosen. Genießen Sie sie frisch vom Strauch oder garnieren Sie mit ihren Blütenblättern Salate und Süßspeisen.

Auch hier unterbreche ich kurz, um den Begriff Augenmutation zu erklären. Wenn Sie einen Rosentrieb im Frühjahr anschauen, sehen Sie in regelmäßigen Abständen Knospen. Diese werden in der Fachsprache Augen genannt. Es handelt sich um eine Augenmutation, wenn sich an einem Rosenstrauch aus einer dieser Knospen eine andere Rose entwickelt als die, welche mit dieser Sorte normalerweise in bezug gebracht wird. Von Augenmutation darf allerdings erst dann gesprochen werden, wenn der Unterschied zur Mutterpflanze auffallend ist: zum Beispiel eine andere Blütenform (gefüllt statt einfach), eine andere Blütenfarbe (gestreift oder mit einem andersfarbigen Rand, obwohl die Mutterpflanze einfach gefärbt ist), wiederholt blühend statt einmal und so weiter.

Bei der Augenmutation von 'Rose de Meaux' war der auffallendste Unterschied zur Mutterpflanze *Rosa centifolia* in erster Linie die Kleinwüchsigkeit dieser neuen Sorte. Den Duft hat sie beibehalten, ebenso die einmalige Blüte pro Jahr. Die Blüten sind dunkelrosa in der Mitte und hellrosa an den äußeren Blütenblättern. Sie wird nur 90 cm hoch und ebenso breit. Eingeführt wurde sie im Jahre 1789, von wem ist unbekannt.

Mein Tip: Die kleinen Blüten der 'Rose de Meaux' abschneiden und im Eiswürfelbehälter mit entkalktem Wasser einfrieren. Zu besonderen Anlässen in einem Aperitif serviert, werden sie einen „Aha"-Effekt auslösen. Es ist aber nicht möglich, die Rose wieder aufgetaut als Dekoration zu verwenden.

Als letzte aus der Familie der Centifolien stellen wir 'Cristata' vor, weil sie ein Bindeglied zur nächsten Rosen-Familie darstellt, die gleich im Anschluß genannt wird.

Cristata (auch Chapeau de Napoléon)

besitzt größere Kelchblätter (dies sind die grünen Blätter der Knospen) als die anderen Centifolien. Sie laufen in zwei Spitzen aus und sind mit feinen, grünen Borsten bedeckt, die stark nach harzigen Ölen duften. Die Form der Knospen kurz vor dem Öffnen gab der Rose auch ihren Namen (Napoleons Hut). Die nachfolgend beschriebenen Gattungen der Moosrosen sind Mutationen dieser Sorte. Vibert entdeckte sie an der Wand eines Klosters in Fribourg (Schweiz) und führte sie 1827 ein. Sie wird 150 cm hoch und 120 cm breit.

Die Kelchblätter von *Rosa centifolia* ‘Cristata’ (Chapeau de Napoléon) gleichen denen von Moosrosen. Dennoch zählt sie zur Familie der Centifolien.

Moosrosen (Centifolia muscosa)

Wenn Sie im Blumengeschäft nach Moosrosen fragen, werden Ihnen Mini-Röschen gezeigt, die mit den echten Moosrosen nur soviel gemeinsam haben, als daß es sich um Rosen handelt. Die „echten" haben größere Blüten und verströmen einen herrlichen Duft, der als harzig und gleichzeitig süß und rosig bezeichnet werden kann. Am stärksten ist er an warmen Frühlingstagen oder im Sommer nach einem Gewitterregen. Schon wegen dieses Duftes, nicht unbedingt wegen der unbestritten reizvollen Blüten, würde ich mir in jeden Garten eine Moosrose pflanzen. Reiben Sie die dicht behaarte Stelle unter den Blüten oder Knospen ganz leicht mit Ihren Fingern. Die Moosrose wird sofort reagieren und ihren harzigen Duft freigeben. Die Blüten der meisten Moosrosen haben in unseren Breiten leider den Nachteil, daß sie gerne verkleben, wenn es beim Öffnen der Knospen gerade stark regnet. Seltsamerweise ist dies in England nicht der Fall, obwohl es dort öfter regnet als bei uns. Wahrscheinlich liegt es am Wind, der, vom Atlantik kommend, die zarten Blütenblätter schnell wieder trocknen läßt. Generell beobachtete ich, daß die Blütenknospen um so mehr verkleben, je größer eine Blüte wird.

Muscosa (auch Old Pink Moss)

Da diese Sorte als die ursprüngliche Augenmutation, hervorgegangen aus der Familie der Centifolia-Rosen, gilt, stellen wir sie als erste vor: Die rosafarbenen Blüten sind groß, das Laub ist größer als das der Centifolien, die Stiele unten am Ansatz sind dorniger. Der Duft ist herrlich süß. Sie wird 120 cm hoch und 100 cm breit. Von Roberts wurde sie im Jahre 1856 eingeführt.

Alfred de Dalmas

Sie zählt zu den Moosrosen, die nach der Hauptblüte noch einige weitere Blüten tragen. Nennen wir solche Sorten also „leicht nachblühend". Die Blüten haben eine schöne Becherform, sind groß, stark gefüllt und verströmen einen süßen Duft. Sie erreicht eine Höhe von 120 cm und wird 100 cm breit. Wenn uns zuvor die Namen von Personen gefehlt haben, die Rosen einführten, gibt es bei dieser Spezies gleich zwei: im Jahre 1855 Portremer, im Jahre 1881 Morau-Robert. Dieser nannte sie 'Mousseline'.

Général Kleber

Die Blüten sind groß und stark gefüllt, die Rose duftet zart, die hellviolett-zart-roséfarbenen Blüten bezaubern. Vor allem die Knospen sind reich bemoost. 'Général Kleber' ist eine besonders schöne Vertreterin dieser Rosen-Familie. Sie wird 120 cm hoch und beinahe ebenso breit. Eingeführt wurde sie im Jahre 1856 von Roberts.

Die beiden nachfolgend beschriebenen Moosrosen sind meine persönlichen Favoriten, obwohl ich den Wert und die Schönheit der zuvor genannten damit nicht schmälern möchte. Der Grund für meine Vorliebe liegt ohne Zweifel in der Größe der Blüten. Diese sind mittelgroß und verkleben deshalb nur selten. Diese am Strauch zwischen den harzig duftenden Zweigen leuchtenden, unvergleichbar süß und lieblich duftenden Rosen üben auf mich einen großen Zauber aus.

Soupert et Notting

Der Strauch hat einen aufrechten Wuchs. Die grünen Blätter erscheinen so regelmäßig, daß es den Anschein hat, als hätte diese Rose den Ehrgeiz perfekt zu sein. Die Blüten sind mittelgroß, etwa 5 cm im Durchmesser und rosa mit einem Hauch von Lila. Der Duft ist sehr süß und steht in einem interessanten Kontrast zum harzigen Duft der Kelchblätter, Stiele und Blätter. Die Rose wird 150 cm hoch und 100 cm breit (Abb. siehe S. 139). Eingeführt wurde sie im Jahre 1874 von Pernet.

William Lobb

Von allen bisher vorgestellten Moosrosen bringt sie die intensivste Farbe: ein dunkles Rosa mit bläulichem Schimmer. Sie hat auch einen zweiten Namen: 'Old Velvet Moss' (velvet = Samt). Die Rose harmoniert farblich hervorragend mit Remontant-Rosen und auch mit modernen Züchtungen. Sie ist eine kräftig wachsende Rose, die 180 cm Höhe erreicht und 150 cm breit wird. Laffay hat sie im Jahre 1855 eingeführt.

Links: Wenn das Bild duften könnte, würden Sie bei *Rosa centifolia* 'Muscosa' (Old Pink Moss) eine überaus reizvolle Kombination von Harz und süßem Rosenduft riechen.
Rechts: Mit einem Durchmesser von bis zu 8 cm zählt 'Général Kleber' zu den großblütigen Moosrosen.

'Alfred de Dalmas' ist die Rose, die meine Liebe zu den historischen Rosen bei einem Spaziergang im Park von Mottisfont Abbey in England entfachte.

Bei dieser Wegbegleitung mit der Moosrose 'William Lobb' ist der bogige Wuchs dieser Sorte sehr schön zu erkennen. Im Hintergrund des Beetes hat die Rose hohe Triebe gebildet, die keine Blüten tragen. Nach der Blüte werden diese Triebe auf die Höhe der verblühten zurückgeschnitten, damit das Beet insgesamt gesehen nicht aus der Form gerät.

Alba-Rosen

Was sind für Sie „zähe" Lebewesen? Etwa die Erbtante oder die Katze des Nachbarn oder ein Baum in der Nachbarschaft, der trotz Verkehr, keinerlei Pflege und verschiedener Blessuren noch immer gedeiht? In diese Gruppe reihen sich die Rosen der Familie Alba ein. Wenn sich ein solcher Strauch an einer ihm zusagenden Stelle etabliert hat, wird er dort auch ohne Pflege gedeihen und steckt Unwägbarkeiten weg, die andere Spezies seiner Art ganz schnell hinwegraffen würden. Ich möchte damit nicht sagen, daß eine Alba am Nordpol gepflanzt werden kann, aber in unseren Breiten ist sie in punkto Zähigkeit sicherlich eine der ausdauerndsten Rosen. Dabei ist sie schön, hat Rasse und bringt, mit etwas Pflege, erstaunliche Ergebnisse.

Maxima

Von ihr wissen wir weder das Jahr der Einführung noch kennen wir die Person. Aber in ihrer Laufbahn im späten Mittelalter war sie auch unter dem Namen Great Double White (= locker gefüllte, große weiße Rose) bekannt, was ihre Art am besten beschreibt: Sie wächst ungestüm und so kräftig, daß sie auch als Kletterrose bis zu 360 cm hoch wird. Ihr Laub ist nicht grün, sondern leicht gräulich. Die locker gefüllten, duftenden Blüten sind mittelgroß, zunächst zart rosa, im weiteren Blütenstadium reinweiß. Wenn sie nicht als Kletterrose gezogen wird, sondern einen Rückschnitt (siehe Gallica-Rose) erhält, wird sie 180 cm hoch und 150 cm breit.

Céleste (auch Celestial)

Bei dieser Rose ist auffallend, daß sie Knospen mit zusammengerollten Blütenblättern trägt. Es wird behauptet, daß sie die Lieblingsrose des englischen Königs Heinrich VII. in Hampton Court war. Die Blüte ist halbgefüllt, rosa und zeigt goldfarbene Staubgefäße. Ihr Wuchs ist ebenmäßig (dies bedeutet, daß sie in gleichmäßigen Abständen Blütenblätter trägt und auch kaum zum Verholzen neigt – regelmäßigen Schnitt vorausgesetzt). Sie wird 170 cm hoch und 120 cm breit.

Félicité Parmentier

Sie zählt ohne Zweifel zu den interessantesten Alba-Rosen, denn sie bildet einen kleinen, nur etwa 80 cm hohen Strauch, der ohne viel Mühe durch Schnitt in Form gehalten werden kann. Die Blüten sind klein (etwa 4 cm im Durchmesser), die äußeren Blütenblätter hellrosa. Zur Mitte hin werden sie dunkler. Beim Aufblühen biegen sich die Blätter etwas zurück, es entsteht eine Pompon-Form wie bei Dahlien. Der Duft ist kräftig und würzig. Außergewöhnlich ist die lange Blühzeit dieser Alba, die manchmal bis zu 8 Wochen andauert, je nach Witterung, so daß fast nicht mehr von einer einmal blühenden Rose gesprochen werden kann. Die vielen Knospen öffnen sich nacheinander, und jede einzelne hält am Strauch länger als eine Woche.

Madame Plantier

Ihre Triebe haben fast keine Stacheln, die duftenden Blüten sind reinweiß und leiden auch nicht unter Regen, obwohl sie sehr stark gefüllt sind. Auch sie besitzt die Wuchskraft zur Kletterrose und erreicht dabei eine Höhe von ca. 300 cm. Als Strauch gezogen wird sie 170 cm hoch und 120 cm breit. Ein Strauch, übersät mit diesen makellosen, duftenden Blüten, ist wahrhaft ein Traum in Weiß, den Sie sich einmal im Jahr 4 Wochen lang gönnen sollten.

Oben: Um einen mächtigen Strauch zu erhalten, wurden von 'Celestial' drei oder vier mit einem Abstand von jeweils 45 cm zur nächsten gepflanzt.
Unten: Die Blätter von *Rosa alba* 'Maxima' haben einen grauen Schimmer und passen sehr gut zum reinen Weiß der Blüten.

Königin von Dänemark

Wenn eine Rose nach einer Königin benannt wurde, mußte sie etwas Großartiges sein. Von allen Albas wird diese als die schönste bezeichnet, weil sich viele hervorstechende Merkmale in einer Rose vereinigen: Die reinrosa Blüten sind groß und gefüllt. Sie besitzen die geviertelte Rosettenform zur Entfaltung des starken Duftes. Auch hier sind die äußeren Blütenblätter etwas heller als die inneren. Sie wurde im Jahr 1816 von Booth aus den Samen der Alba-Rose 'Maidens Blush' gezüchtet und 1826 eingeführt. Sie wird 150 cm hoch und 120 cm breit.

'Madame Plantier' trifft sich oben an der Laube mit der Rankrose 'Lykkefund'. Wir sehen hier ein schönes Beispiel für die Anlage eines „weißen Gartens", in welchem Pflanzen nicht durch Farben, sondern durch die Vielfalt ihrer Blütenformen und Blätter wirken.

Oben: 'Königin von Däne-
mark' zählt zu den schön-
sten Rosen aus der Familie
der Alba-Rosen.
Unten: Die Schönheit der
'Félicité Parmentier' offen-
bart sich auf dieser Abbildung: Die vielen Knospen
öffnen sich zeitlich versetzt
und geben der Rose damit
eine lange Blühdauer.

Steckbrief:

Blühdauer: Einmalblü-
hende Damascener-Rosen
blühen ab Mitte Mai etwa
4 Wochen lang, Wieder-
holt blühende mit einer
Erholungszeit von etwa 4
Wochen nach der Haupt-
blüte im Frühjahr bis in
den Spätherbst (Portland-
Damaszener-Rosen). *Rosa
x damascena 'Bifera'*
blüht als einzige im Frühjahr und im Herbst
Wuchs: 100 cm bis 150
cm hoch und fast ebenso
breit
Standort: Vollsonnig bis
halbschattig, gut durch-
lüftet bei stark gefüllten
großblumigen Sorten
Duft: Intensiv und stark,
würzig, warm, berau-
schend
Geschmack: Würzig, aro-
matisch
Haltbarkeit in Vase: 1–2
Tage
Hagebutten: Unbedeutend
Rückschnitt: Verschiedene
Schnittmethoden: Bei ein-
malblühenden Rück-
schnitt siehe Gallica-Ro-
sen. Bei wiederholt
blühenden Rückschnitt
wie bei modernen Sorten.
Bei *Rosa x damascena* 'Bifera' sollten die Blüten-
stände nach der Blüte im
Frühjahr abgeschnitten
werden, damit sich die
Spätjahrs-Blüte gut ent-
falten kann.

Damascener-Rosen

Bei Hochkulturen wie den Griechen, Ägyptern und Römern gab es zahlreiche Aufzeichnungen über diese Rosenart. Wir wissen aus diesen Quellen, daß einmalblühende Damascener-Rosen im alltäglichen Leben dieser Menschen eine wichtige Rolle spielten. Der römische Handel mit China brachte damals schon das Gen zur wiederholten Blüte bei einer der zu dieser Zeit bekannten Damascener-Rose: *Rosa x damascena 'Bifera'* blühte nicht nur im Mai und Juni, sondern nochmals ab September. Jedes Jahr im Juni wurde auf der Insel Samos das Rosenfest (Fest der Eulalia) gefeiert. Nachdem *Rosa* x *damascena 'Bifera'* bei den Römern bekannt war, konnte das schöne Fest im September nochmals wiederholt werden.

Beginnen wir die Vorstellung dieser Rosen-Familie mit den einmalblühenden, das heißt ab Mitte Mai oder Anfang Juni etwa 4–6 Wochen lang blühenden Sorten:

Madame Hardy

Sie zählt trotz ihrer verhältnismäßig kurzen Blühdauer von 4 Wochen ab Mitte Mai zu den schönsten weißen Rosen. Die großen runden Blüten sind dicht gefüllt, ihre Blütenblätter erinnern an wertvolle weiße Spitze. In der Mitte ist immer ein grüner Punkt zu sehen. Zunächst öffnen sich die Knospen becherförmig, anschließend blühen sie flach auf. Eugène Hardy, der Direktor der Kaiserlichen Luxemburger Gärten, führte sie im Jahr 1832 ein und widmete sie seiner Gemahlin – welche Liebe! Sie erreicht eine Höhe von 150 cm und dieselbe Breite.

Ispahan (auch Pompon des Princes)

Die Blühzeit dieser Rose beträgt immerhin etwa 8 Wochen, da sich die einzelnen reinrosa, locker gefüllten Blüten nacheinander öffnen und jede etwa eine Woche lang hält. In Persien war diese Rose schon seit Jahrhunderten bekannt. Sie wird 150 cm hoch und 120 cm breit.

Kommen wir nun zu den wiederholt blühenden **Portland-Damascener-Rosen**, die einer modernen Züchtung in punkto Blühfreudigkeit nicht nachstehen:

Comte de Chambord

Natürlich blüht 'Comte de Chambord' am heftigsten zur Hauptblütezeit im Juni, trägt danach aber während der ganzen Saison bis zum Frost immer wieder ihre schönen, gefüllten und stark duftenden Blüten. Die zart rosafarbenen Blüten sind becherförmig, die Blütenblätter leicht gekräuselt. Der Strauch wird nicht sehr hoch: 120 cm und 90 cm breit. Gezüchtet wurde sie von Züchter Boll (New York), in Europa wurde sie im Jahre 1860 von Boyeau eingeführt. Bisher wurde nur in ungünstigen Lagen, d. h. ohne ausreichende Belüftung, festgestellt, daß diese Rose im Knospenstadium verklebt.

Rose de Resht

Die Botanikerin Lindley entdeckte 'Rose de Resht' im „alten" Resht in Persien in den 40er Jahren. Sie schrieb: Ich stieß im alten Resht auf Rosensträucher, die dort schon seit Menschengedenken zur Gewinnung von Rosenöl angebaut werden. Die Blüten sind pomponförmig und sitzen ohne Stiel auf dem letzten Blattpaar. Die stark duftenden, nicht sehr großen (etwa 5 cm im Durchmesser)

Ganz links: Die Blüten von 'Mme Hardy' zählen zu den schönsten reinweißen.
Mitte: Schönheit, Duft und delikater Geschmack sind vereint in *Rosa* x *damascena* 'Bifera'.
Rechts oben: Blühdauer und Blütenfülle von 'Rose de Resht' können sich durchaus mit modernen Züchtungen messen.

Blüten haben eine dunkelrosa Farbe, durch welche ein Blau wie von kostbaren orientalischen Fayencen schimmert. Der Strauch wird – richtig geschnitten – nur etwa 1 m hoch und hat eine kompakte Form. Im Laufe der Saison ist er nur selten ohne Blüte, und es ist immer ein Erlebnis, die Nase in die duftenden Pompons zu versenken. Er wird etwa 75 cm breit.

Rosa x damascena 'Bifera'

Und abschließend die im Frühling und nochmals im Herbst blühende *Rosa* x *damascena* 'Bifera' (bifera lat. = zweimal blühend). Zu Anfang dieses Ka-

pitels erwähnten wir sie bereits. Sie hat zarte Triebe und die Eigenart, diese eher zu verstecken als stolz in die Höhe recken zu wollen. Die Stacheln sind dünn, sehr spitz und zahlreich. Auch wenn sich so ein Exemplar Ihren Blicken unter den Blättern eines anderen benachbarten Strauches entzieht, werden Sie diese Rose riechen, so intensiv duftet sie. Die Blüten sind von mittlerer Größe und locker gefüllt. Die Triebe erreichen eine Länge von 150 cm (wobei diese, wie gesagt, nicht aufrecht, sondern ungezwungen wachsen), der Strauch wird insgesamt 120 cm breit.

Pflanzen Sie 'Comte de Chambord' in den Vordergrund eines Rosenbeetes, denn durch ihren üppigen Duft, ihre wiederholte Blüte und ihre Wuchshöhe von maximal 120 cm ist sie den ganzen Sommer über ein lohnender Blickfang.

'Ispahan' bezaubert durch ihre Blütenfülle im Frühjahr und den starken, schweren Rosenduft, der den Damascener-Rosen eigen ist.

Steckbrief:

Blühdauer: Wiederholt blühend ab Mitte Mai bis zum Frost mit Ruhe-Perioden zwischen den Blüten
Wuchs: 90 cm bis 150 cm, meistens aufrecht wachsend
Standort: Vollsonnig, am schönsten gedeihen sie in einer Lage ohne die intensivste Mittagssonne ab 12.00 Uhr und bis 15.00 Uhr.
Duft: Je nach Sorte von zart bis kräftig
Geschmack: Je intensiver der Duft, desto besser der Geschmack
Haltbarkeit in Vase: Bis zu 5 Tagen
Hagebutten: Die letzte Blüte im Spätjahr bringt oftmals auch eine Hagebutte
Rückschnitt: Wie bei modernen, wiederholt blühenden Rosen

Bourbon-Rosen

Im 17. und 18. Jahrhundert war die Ile de Bourbon (heute Réunion) als französische Kolonie eine wichtige Anlaufstelle für die Schiffe auf ihrem Weg nach Fernost (z. B. China), um dort Waren umzuschlagen und Frischwasser und Lebensmittel aufzunehmen. Da es auf dieser subtropischen Insel auch Berge gibt, bot sie auf entsprechender Höhe über dem Meeresspiegel ein ideales Klima für Rosen. Von Frankreich kommend wurden Rosen der Gattung Gallica und Damascena auf die Insel gebracht und dort hochgestellten Persönlichkeiten als Präsent aus dem Mutterland überreicht oder auf Bestellung geliefert. Auf ihrem Rückweg aus China zur Insel hatten die Schiffe oftmals auch die dort beheimateten China-Rosen geladen. Wir werden das Thema China-Rosen anschließend noch ausführlich behandeln. Jedenfalls wurden diese Rosen in Nachbarschaft der europäischen (pardon – natürlich eher nah-östlichen) gepflanzt und begannen sich auf natürliche Art untereinander zu kreuzen. Das Ergebnis war eine Sensation: Rosen mit überwiegend starkem Rosenduft (von den europäischen) und wiederholter Blüte (von den chinesischen). Wie bei menschlichen Nachfahren können wir auch bei diesen Rosen erkennen, welches Elternteil sich letztlich durchgesetzt hat: Dominieren die Gene der europäischen Eltern, sind die Triebe der Rosen aufrecht und kräftig, die Blüten selbst stark duftend mit der geviertelten Form der europäischen Spezies. Haben sich die Gene der China-Rose durchgesetzt, sind die Stiele fragiler, die Form der Blüte ist lockerer, der Duft leichter. Manchmal vermischen sich die Merkmale auch – aber immer erzählen uns diese Rosen die Geschichte ihrer Vorfahren. Nachdem diese ersten „Wunder-Rosen" den europäischen Kontinent erreicht hatten, begann unter den Züchtern ein Wettlauf, solche Rosen weiterzuzüchten. Mit dem Erfolg, daß es glücklicherweise noch heute „echte" Bourbon-Nachfahren gibt.

Boule de Neige

Übersetzt bedeutet der Name „Schneeball", und die voll aufgeblühte Rose mit den nach hinten gebogenen Blütenblättern erinnert in der Tat an einen solchen. Die Blüten sind mittelgroß, duften delikat und werden in Dolden gebildet. Die Rose blüht wiederholt und wird 150 cm hoch und 90 cm breit. Eingeführt wurde sie durch Lacharme im Jahre 1867.

La Reine Victoria

Die duftenden Blüten dieser wiederholt blühenden Rose sind becherförmig, d. h. daß sich die äußeren, verhältnismäßig großen Blütenblätter wie ein Becher um die Blüte gruppieren. Die Farbe ist ein klares Rosa. Für mich war schon immer überraschend, wie resistent diese Blüten gegenüber dem Regen sind. Sie überstehen ihn völlig unbeschadet. Und in der Sonne leuchtet der Blütengrund und läßt die Rose von innen erstrahlen. Ihre Höhe ist 150 cm, sie wird 70 cm breit. Schwartz hat sie im Jahre 1872 eingeführt.

Louise Odier

Durch ihre unkomplizierte Art ist diese Rose zu einer der beliebtesten geworden. Sie blüht wiederholt, verströmt einen herrlichen Damascener-Duft und hat eine schöne, dunkelrosa, lila angehauchte Farbe, die sich sehr effektvoll mit rosa- oder malvenfarbenen Rosen und Stauden kombinieren läßt. Auch hier ist die Blüte becherförmig. Sie erreicht eine Höhe von 150 cm und wird mit 120 cm fast ebenso breit. Eingeführt wurde sie von Margottin im Jahre 1851.

Links: Auf der Abbildung sind die rosafarbenen Blütenspitzen der Knospen von 'Boule de Neige' gut zu erkennen. Die Blüte selbst ist noch nicht voll aufgeblüht, etwas später werden sich die Blütenblätter leicht nach hinten zurückbiegen.
Rechts: Die duftenden Blüten von 'Mme Isaac Pereire' sind groß und auffallend. Ihren letzten Flor trägt sie bis zum ersten Frost.

Madame Isaac Pereire

Erst wenn ich eine Rose im eigenen, ganz privaten Garten über die Jahre beobachten kann, kenne ich jedes Detail ihrer Persönlichkeit. Obwohl mein eigener Garten nicht groß ist, habe ich mir den Luxus erlaubt, gleich zwei dieser Rosen zu pflanzen. Einmal an einer von vornherein für sie hervorragenden Lage, mit viel Sonne und gut belüftet. Den anderen Standort habe ich bewußt an einer für sie ungünstigeren Lage gewählt, die Sonnenstunden sind auf fünf pro Tag reduziert, außerdem fand sie etablierte Nachbarn wie einen Kirschlorbeer und einen Hibiskus vor. Die am sonnigen Platz ge-

pflanzte Rose brachte gleich im zweiten Jahr so kräftige Triebe, daß wir sie bei einer Höhe von 2 m kappen mußten. Eine Kletterrose an dieser Stelle paßte nicht ins Beet. Die zweite, an ungünstigerer Stelle stehende Pflanze tat sich schwerer. Sie wuchs zunächst langsamer. Am Ende des zweiten Jahres hatte sie sich aber offensichtlich gegenüber den „Nachbarn" durchgesetzt und trieb auch voll durch. Wir bauten ihr ein Rankgerüst, an welchem wir die langen Triebe anbinden konnten. Wenn ich heute durch meinen Garten gehe (wir schreiben Anfang November), trägt 'Madame Isaac Pereire' am sonnigen Standort noch immer eine Blüte und hat sogar, nach einem unüblich

'Louise Odier' verwandelt das schlichte Gartenhaus in ein romantisches Schmuckstück. Sie kann auch als Kletterrose gezogen werden. Dabei reduziert sich weder Blütenfülle noch Blütengröße, wenn sie doppelt so viel Dünger wie ihre als Strauch gezogene Schwester erhält.

Die Blüten von 'La Reine Victoria' haben eine perfekte, becherförmige Form und werden in großen Dolden gebildet.

Links: Die duftenden Blüten von 'Mme Pierre Oger' werden auf aufrechten Trieben gebildet, die bis zu 150 cm hoch werden. Deshalb sollte diese Rose in den Hintergrund eines Rosenbeetes gepflanzt werden.

Rechts: Auf dieser Abbildung sehen wir 'Souvenir de la Malmaison' in voller Blütenpracht. Blüten von solch makelloser Schönheit finden wir bei dieser Sorte überwiegend im Herbst.

Mein Tip: Voll aufgeblühte Blüten dieser Rose mit kleinem Stiel abschneiden und aufrecht trocknen lassen. Die Blüte wird durch den Flüssigkeitsverlust zwar kleiner, behält aber Form und Farbe und duftet noch nach Wochen.

Madame Pierre Oger

Sie ist eine Augenmutation von 'La Reine Victoria' und unterscheidet sich von ihr nur in einem Merkmal: Die Farbe ist viel blasser, ein silbriges Rosa. Entdeckt wurde sie im Jahre 1878 von Monsieur Oger, der sie seiner Frau widmete, vertrieben hat sie anschließend Verdier. Sie zählt – wie die Mutterpflanze – zu den wiederholt blühenden Rosen.

Souvenir de la Malmaison

Von allen bisher vorgestellten Bourbon-Rosen hat sie, was die Gene betrifft, von allem ein wenig zu viel abbekommen: Die dicht gefüllten, sehr stark duftenden Blüten sind fast zu groß, um von den Trieben getragen zu werden. Sie steht somit im vollen Schmuck ihrer Knospen kaum aufrecht. Und wehe, es regnet gerade dann, wenn sie sich anschickt, ihre Blüten öffnen zu wollen: Die vielen Blütenblätter in der Knospe verkleben und werden sich danach auch in der schönsten Sonne

warmen Spätherbst, weitere Knospen angesetzt. Die andere, an der ungünstigeren Stelle stehende, hatte die ganze Saison über Probleme mit Pilzkrankheiten und macht nun, zu Beginn des Winters, einen abgekämpften Eindruck. Zurück zur Beschreibung dieser bezaubernden Rose: 'Madame Isaac Pereire' trägt große Blüten von warmer, dunkelrosa Farbe und verströmt einen intensiven Rosenduft. In einem kalten Frühjahr bildet sich in der Mitte der Blüten ein kleiner, grüner Knopf. Diese Rose trägt Blüten von Juni bis in den Herbst mit einer Pause im August. Gezüchtet hat sie Garcon, in den Vertrieb nahm sie im Jahr 1881 Margottin Fils.

Links: Unter den historischen Sorten nimmt 'Variegata di Bologna' durch das Farbenspiel und die Größe der Blüten, ihren intensiven Duft und ihre Wuchsfreudigkeit eine Sonderstellung ein.
Rechts: Die Rose 'Zigeunerknabe' bildet mit dem rosafarbenen Seifenkraut (*Saponaria*) einen reizvollen Kontrast.

nicht mehr öffnen. Hier sollte man ein wenig Geburtshilfe leisten und die äußeren meist schon leicht braunen Blütenblätter sanft entfernen. Innerhalb ganz kurzer Zeit öffnet sich dann die Blüte in voller Schönheit. Die Gründe, warum 'Souvenir de la Malmaison' auch heute noch so geschätzt wird, sind wohl die Schönheit der Blüten, der intensive Duft und vor allem die späte Herbstblüte, die oftmals besser ausfällt als die im Juni. Sie wurde im Jahr 1843 von Beluze eingeführt und wird 90 cm hoch und 70 cm breit.

Nicht vorenthalten werde ich eine Geschichte um diese Rose: Einige Jahrzehnte vor der Taufe und Einführung dieser Rose besuchte im Jahr 1814 Zar Alexander I. die Kaiserin Joséphine, eine zu diesem Zeitpunkt seelisch und körperlich gebrochene Frau, die bei ihren Rosen in Malmaison Erfüllung gefunden hatte. Während sie sich mit dem Zaren unterhielt, brachte der Hofgärtner die ersten Rosen des Jahres in den Salon. Sie verströmten einen derart intensiven Duft und waren so bezaubernd schön, daß der Zar aufmerksam wurde. Joséphine schenkte ime eine der Rosen als 'Souvenir de la Malmaison' (Erinnerung an Malmaison). Die Kaiserin starb noch im gleichen Jahr.

Die beiden nachfolgenden Bourbon-Rosen sind von solcher Wuchskraft, daß sie auch als Kletterrosen bis zu einer Höhe von 300 cm gezogen werden können. Der kräftige Wuchs fordert allerdings seinen Tribut: Sie blühen nur einmal von Mitte Mai bis Ende Juni, dann allerdings mit der einmalblühenden Rosen eigenen, starken Blütenfülle:

Variegata di Bologna

Ihre Blüten sind weiß und mit dunkelrosa Streifen bedeckt. Sie sind becherförmig und duften hervorragend. Am längsten halten diese Blüten an einer Wand ohne Sonne am Nachmittag. Van Bonfiglioli hat sie im Jahre 1909 eingeführt. Als kräftiger Strauch wird die Rose 150 cm hoch und 120 cm breit, als Kletterrose 360 cm hoch. Blühdauer: etwa 4 – 6 Wochen ab Anfang Juni.

Zigeunerknabe

Die Farbe der großen, dicht gefüllten Blüten erinnert an die von 'Louise Odier', dunkelrosa mit einem Hauch von Lila. Sie wächst bis zu einer Höhe von 240 cm und trägt danach schöne, orange-rote Hagebutten. Lambert hat sie im Jahr 1909 eingeführt. Ihre Blühdauer liegt bei 4 – 6 Wochen ab Anfang Juni.

Remontant-Rosen

Steckbrief:

Blühdauer: Ab Mitte Mai bis Mitte Juni und nochmals ab Anfang September bis Ende Oktober
Wuchs: Aufrecht, bis etwa 150 cm hoch
Standort: Auch hier danken es die Rosen, wenn sie in der vollen Mittagshitze nicht in der prallen Sonne stehen. Ihre Blüte hält dann viel länger.
Duft: Stark rosig, teilweise mit einem Hauch der Teerose
Geschmack: Gut, eignen sich auch zum Verarbeiten zu Rosen-Delikatessen

Haltbarkeit in Vase: Etwa 3–5 Tage
Rückschnitt: Im Frühjahr Rückschnitt wie bei modernen Rosen, nach der Frühjahrsblüte schneiden Sie die Rosen wieder „in Form". Das bedeutet: alle starken Triebe auf dieselbe Höhe zurückschneiden und etwas einkürzen (um ca. 1/3 der Gesamthöhe). Von schwächeren Trieben die abgeblühten Rosen abschneiden bis zum ersten guten 5er Blatt. Hierdurch erreichen Sie in einem Arbeitsgang, daß die Rose bei der nachfolgenden Herbstblüte alle Triebe mit gleich vielen

Nährstoffen versorgt, daß keine Hagebutten gebildet werden und die Rose hierdurch blühfaul wird und daß sie ihre Kraft nicht auf zu viele Neutriebe verteilen muß. Die nachfolgenden Blüten werden so groß wie die im Frühjahr gebildeten (manchmal noch größer und schöner) und die Rose besitzt die Kraft, sich selbst gegen Krankheiten wehren zu können.
Ganz wichtig: Nach der Frühjahrsblüte muß mit organisch-mineralischem Dünger gedüngt werden!

Teehybriden (wir werden einige von ihnen als Kletterrosen kennenlernen) entstanden durch Kreuzungen von Teerosen (Ursprung China) und den hier vorgestellten Remontant-Rosen. Außerdem enthalten fast alle modernen Rosen Gene dieser Rosenart. Um Remontant-Rosen zu züchten, wurden öfter blühende Damascener, Bourbonrosen und China-Rosen miteinander gekreuzt. Ihr Duft ist kräftig und rosig, sie blühen im Frühjahr ab Mitte Mai und nochmals im Herbst ab Anfang September, wenn die größte Hitze vorüber ist. Der Name stammt übrigens aus dem Französischen (remonter = nach oben streben) und weist auf den aufrechten Wuchs dieser Rosen hin. Außerdem bedeutet der Ausdruck „remontierende Rose" in der Fachsprache auch wiederholt blühend.

Ferdinand Pichard

Sie blüht im Juni und nochmals im September. Die gefüllten Blüten sind dunkelrosa mit weißen Streifen. Der Duft ist stark. Sie wird etwa 150 cm hoch und 120 cm breit. Ich kombiniere sie gerne in einem Beet mit anderen gestreiften Rosen.

Mrs. John Laing

Ihre klar-rosa Blüten sind groß, voll gefüllt und besitzen einen wunderbaren Rosen-Duft. Der Wuchs ist etwas seltsam: Die Triebe sind gerade so stark, daß sie die großen Blüten aufrecht tragen können und verzweigen sich kaum, haben wenige Stacheln und wenige Blätter. Es scheint, als ob alles zugunsten der Blüten reduziert wird. Aber diese großen Blüten mit ihrem Duft sind dann auch eine Erfahrung wert. Der Strauch wird etwa 130 cm hoch und sollte immer in einer Dreiergruppe oder gemeinsam mit anderen Rosen gepflanzt werden, damit das etwas gewöhnungsbedürftige Wuchsverhalten nicht stört.

Souvenir du Docteur Jamain

Für mich ist es immer ein Erlebnis zu beobachten, wie diese Rose vor allem auf Männer wirkt. Dunkelrote Rosen üben auf unser starkes Geschlecht sowieso – ich würde behaupten meistens – einen besonderen Reiz aus. Ist diese Farbe dann – wie in diesem Falle – noch von einem aromatischen, starken Duft unterlegt, ist die Freundschaft schon geschlossen. Von allen dunkelroten, wiederholt blühenden Strauchrosen ist sie eine der höchsten mit 150 cm. Soll also ein Beet mit roten Rosen angelegt werden (sieht übrigens hinreißend aus, wenn Sie mit weißen und blauen Stauden kombinieren), sollte man sie im Hintergrund oder Mittelbereich pflanzen. 'Souvenir du Docteur Jamain' blüht in Dolden, die einzelnen Blüten sind mittelgroß und stark duftend. Aus der edlen Knospe entwickelt sich eine voll gefüllte Blüte. Sie wird etwa 150 cm hoch und 80 bis 100 cm breit. Eingeführt hat sie Lacharme im Jahr 1865.

Links: Unter allen gestreiften, wiederholt blühenden Strauchrosen ist 'Ferdinand Pichard' die am üppigsten wachsende.

Rechts oben: Als dieses Bild von 'Mrs. John Laing' entstand, hatte es zuvor ausgiebig geregnet, und die Blüten hängen durch das Gewicht des Wassers etwas über.

Unten: Beim Aufblühen mischt sich in die Farbe von 'Souvenir du Docteur Jamain' ein leichter lila Farbton.

China-Rosen

Chinesische Gemälde aus der Zeit des 1. Jahrtausends unserer Zeitrechnung zeigen hoch entwickelte Rosen-Züchtungen. Wir haben von China-Rosen schon zuvor gelesen und wissen, daß *Rosa* x *damascena* 'Bifera' nur durch das Gen dieser Rose im Herbst noch einmal blühen konnte. Uns ist auch bekannt, daß sich auf der Ile de Bourbon die Damascener-Rosen mit ihr kreuzten und dadurch die Bourbon-Rosen entstanden. Auf Frachtschiffen, die Gewürze, Seide, Porzellan, Tee und andere fernöstliche Kostbarkeiten geladen hatten, wurde sie während des 18. Jahrhunderts auch bei uns eingeführt. Ihr Wuchs ist zart, die Triebe sind dünn, und sie besitzen die Eigenart, den ganzen Sommer hindurch zu blühen. Die Blüten sind klein (etwa 5 cm im Durchmesser) und locker gefüllt. China-Rosen haben durch die klimatischen Bedingungen, die in ihrem Ursprungsland herrschen, keine große Winterhärte. Ich sollte hier etwas korrigieren: Über Winter sind auch China-Rosen stabil, denn in ihren Trieben ist in der kältesten Jahreszeit – wie bei allen anderen Rosen – keine Nährflüssigkeit. Allerdings ziehen sie diese bereits mit den ersten warmen Sonnenstrahlen im Februar und März mit aller Macht wieder nach oben in die Zweige und beginnen auszutreiben. Bei einem Spätfrost Ende März oder im April werden diese gefüllten Kapillare dann platzen – vergleichbar mit einer gefüllten Wasserleitung. Dies kann den ganzen Strauch in nur einer Nacht töten.

Mein Tip: China-Rosen immer anhäufeln, denn die Erde ist ein hervorragender Isolator, und zusätzlich mit Vlies schützen. Zwar werden zu hohe, nicht optimal geschützte Triebe abfrieren, aber das Herz – die Veredelungsstelle – wird in den meisten Fällen intakt bleiben und die Rose von dort aus wieder neu austreiben.

Old Blush China

Sie gilt als Stammutter der bei uns gezogenen wiederholt blühenden Rosen. Die kleinen, locker gefüllten rosa Blüten mit einem Hauch von Lila wachsen in Dolden von 3 bis 4 Blüten. In einem milden Winter habe ich schon Weihnachten Blüten dieser Rose bewundert. Ihr Alter ist biblisch, sie war Aufzeichnungen zufolge schon 900 v. Chr. in China bekannt. Mit einer Höhe von 60 cm und derselben Breite sollte sie in den Vordergrund einer Rosenrabatte gepflanzt werden. Bei ihr wie auch bei der nachfolgend beschriebenen 'Hermosa' sollte zudem auf eine gute Belüftung der Pflanzposition geachtet werden. Wenn diese fehlt, sind diese Rosen anfällig für Mehltau.

Hermosa

Diese fernöstliche Schönheit ist in der Saison nie ohne Blüten. Diese sind mittelgroß, rosa, becherförmig und locker gefüllt. Der Strauch wächst nicht aufrecht, sondern bogig. Höhe und Breite 60 cm. Sie wurde im Jahre 1840 von Marcheseau eingeführt. Mein Tip zum Standort: Er muß gut durchlüftet sein, sonst ist diese Sorte anfällig für Mehltau.

Mutabilis

Gibt es einige Jahre hintereinander keinen Spätfrost im Frühjahr, kann in unseren Breiten die dauerblühende, leicht duftende 'Mutabilis' tatsächlich eine Höhe von über 300 cm erreichen. Kommt dann aber ein Spätfrost im Frühjahr und ist die Rose zu diesem Zeitpunkt ungeschützt (d. h. zwar angehäufelt, aber nicht durch Bambus-Matten oder Vlies abgedeckt), friert sie wieder auf eine Höhe von 20 cm zurück und wird wiederum einige Jahre benötigen, um 300 cm Höhe zu erreichen. Der Anblick einer blühenden 'Mutabilis' ist jeden-

Links: Der Strauch von 'Old Blush China' ist ab Juni bis zum ersten Frost selten ohne Blüten.

Rechts oben: Hier ist deutlich zu erkennen, wie sich die Farbe von 'Mutabilis' ändert: Die dunkelrosa Blüte im Hintergrund ist bereits am Verblühen.

Unten: Wenn Sie 'Hermosa' im Topf ziehen, sollten Sie diesen frostgeschützt, am besten im Kaltgewächshaus, überwintern.

falls ein Schauspiel: Es scheint, als ob Schmetterlinge ständig den Strauch umschweben. Die ungefüllten Blüten mit den verhältnismäßig großen Blütenblättern ändern die Farbe vom Knospenstadium zum Abblühen von einem tiefen Gelb über zart Rosé ins Dunkelrot. Diese Sorte hat wenige Stacheln, die Triebe sind bronzefarbig. Sie hat ein gesundes Laub und ist nur an sehr ungünstigen Standorten anfällig für Pilzkrankheiten. Aus China kommend erreichte sie unsere Gefilde im 18. Jahrhundert. Abschließend sollte ich noch erwähnen, daß die 'Mutabilis' auch nach einem starken Rückfrieren im gleichen Jahr wieder blühen wird, unabhängig davon, wie hoch dann ihre Triebe sind.

Japanische Polyantha-Rosen

Bleiben wir bei den Exoten und machen einen Abstecher nach Japan. Die ursprünglich von dort stammenden japanischen Polyantha-Rosen passen in dieses Land. Sie sind grazil und in ihrem Wuchs überraschend, wenn wir sie mit anderen historischen vergleichen. Teilweise treiben sie in einer Saison bis zu 2 m hohe Triebe, die manchmal auf den ersten Blick Wildtrieben ähneln und von ungeduldigen Zeitgenossen sicherlich abgeschnitten werden. An diesen Trieben entwickeln sich jedoch die schönsten Blüten-Dolden. Wenn Sie im Zweifel sind, ob es sich um einen Wildtrieb handelt oder nicht, empfehle ich, vorsichtig am Hals der Rose (d. h. bei der Veredelungsstelle im Boden) nachzugraben (mit den Fingern, versteht sich, nicht mit einem Werkzeug), um sich zu vergewissern, daß der Trieb aus der Veredelung wächst und nicht aus der Wurzel). Im Jahr 1865 brachte sie der Botaniker Fortune von Japan zu uns. Aus diesen Rosen wurden die modernen Floribunda-Rosen gezüchtet, das sind die leider duftlosen, meiner Meinung nach meistens auch seelenlosen, robusten Rosen für alle möglichen Einsatzbereiche. Auch bei den historischen Polyantha-Rosen müssen wir, wie bei den China-Rosen, auf Frostschutz achten. Sie besitzen nun mal die vorwitzige Art, gleich bei den ersten warmen Sonnenstrahlen ihre endlos erscheinende Blütenpracht entfalten zu wollen und sind deshalb mit prall gefüllten Kapillaren bei Spätfrösten höchst gefährdet. Häufeln Sie so gut an, wie es möglich ist, und haben Sie vor allem in kalten Frühjahren ein Auge auf diese herrlichen Rosen. Auch spezielles Schutzvlies bewährt sich hier ausgezeichnet.

Bloomfield Abundance

Sie ist eine Augenmutation von 'Cécile Brunner' und im Vergleich zu dieser von robusterer Art. Die Blüten werden in einer ganz besonderen Weise präsentiert: hintereinander, wie zu einem langen, duftigen Bouquet gebunden. Stellen Sie sich das so vor: Auf einer Länge von etwa 30 cm bilden sich zarte Seitentriebe, an denen die kleinen Rosen wachsen. Die Blütenknospen ähneln Marzipan-Rosenknöspchen, voll aufgeblüht sind es kleine, rosafarbene Pompons. Zu all dieser exotischen Schönheit kommt noch ein zarter, zu dieser Rose passender Hauch von Duft hinzu. Das Laub ist so gesund, daß ich es als unanfällig gegen Krankheiten bezeichne. Sie wird 150 cm hoch, manchmal auch höher, und 100 cm breit. Eingeführt hat sie Thomas im Jahr 1920.

Little White Pet

Sie hat viel Charme, diese kleinste Rose unter den Polyantha-Rosen. Auch bei ihr werden die Blüten in Bouquet-Form gebildet, sehr reizvoll ist das rosafarbene Blüten-Kelchblatt. Die Blüte selbst ähnelt einem kleinen, weißen, dicht gefüllten Knopf. Ihr Laub bleibt gesund. In unseren Breiten wird sie höchstens 60 cm hoch und ebenso breit. Henderson hat sie im Jahr 1879 eingeführt. Ich möchte 'Little White Pet' in keinem Garten vermissen, da sie bei aller Schönheit auch bei Regen ihre Blüten hält. Pflanzen Sie sie immer in Gruppen von drei oder fünf mit einem Abstand von 35 cm. Dies erzielt den schönsten Effekt.

Yvonne Rabier

Als Polyantha erreicht sie eine überdurchschnittliche Höhe von 120 cm und wird 90 cm breit. Ihr Duft ist würzig. Das hellgrüne, unempfindliche, glänzende Laub paßt perfekt zu den kleinen, weißen, gefüllten Blüten. Für einen „weißen Garten" ist diese Rose – wie auch 'Little White Pet' – meiner Meinung nach unverzichtbar. Sie wurde im Jahr 1910 von Turbat eingeführt.

Links: Die grünen Kelchblätter von 'Bloomfield Abundance' sind teilweise ungewöhnlich lang und hängen zwischen den kleinen Blüten wie zusätzlicher Zierat.

Rechts oben: Hat 'Yvonne Rabier' im Juli ihren ersten Flor hinter sich, sollten die verblühten Dolden abgeschnitten werden. Dies regt die Bildung neuer Knospen an.

Unten: 'Little White Pet' ist sehr gut geeignet, in Töpfen gezogen zu werden. Allerdings ist ein Winterschutz dann unumgänglich, oder die Rose überwintert im Kaltgewächshaus.

Steckbrief:

Blühdauer: Ab Anfang Mai bis zum Spätjahr mit Pausen zwischen den Blüten

Wuchs: Bis 2 m. Bedenken Sie, daß auch Rugosa-Hybriden von unten verkahlen. Dies kann durch rigorosen Rückschnitt im Frühjahr (benutzen Sie dazu eine gute Heckenschere, und schneiden Sie die Triebe um die Hälfte ihrer Gesamtlänge zurück) reduziert werden. Ich empfehle auch, vor eine Rugosa-Rose kleiner bleibende, robuste Rosen zu pflanzen, die in den Folgejahren die dann unweigerlich kahlen unteren Äste der Rugosa verdecken können.

Standort: Vollsonnig bis halbschattig

Duft: Würzig, herb, stark

Geschmack: Bitter

Haltbarkeit in Vase: Im aufgehenden Knospenstadium geschnitten einige Tage

Hagebutten: Regelmäßig bei Rosa rugosa, bei Rugosa-Hybriden nur bei wenigen Sorten

Rückschnitt: Wenn Sie die Rugosa-Hybride im Frühjahr um die Hälfte ihrer Gesamthöhe zurückschneiden, wird sie von unten her weniger verkahlen und neue Triebe nachschieben. Ansonsten verblühte Rosen abschneiden

Rugosa-Rosen (Kartoffelrosen)

An Straßenrändern finden wir diese Rosenart sehr häufig. Dort blüht sie im Juni ausgiebig und trägt im Herbst schöne, große rote Hagebutten. Die Rosen sind robust und halten einen solchen Standort ohne viel Pflege aus. Ein Rückschnitt im Frühjahr mit der Mähmaschine und Wässern in der heißesten Jahreszeit genügen. Die Rugosa-Rosen, die hier vorgestellt werden, sind von besonderer Art: Sie blühen wiederholt, werden groß, duften und sind im übrigen auch keine echten Rugosas mehr, sondern Hybriden. Bei so vielen Blüten müssen wir bei den meisten leider auf Hagebutten verzichten. Die Triebe aller Rugosa-Rosen sind dicht besetzt mit vielen sehr spitzen Stacheln. Sie sind somit bestens für einen Standort geeignet, der einen Durchgang erschweren soll. Pflanzen Sie eine Rugosa niemals dort, wo Kinder spielen oder wo ein Weg vorbeiführt. Das Laub der Rugosa-Rosen ist kaum krankheitsanfällig und verfärbt sich im Herbst goldgelb.

Blanc Double de Coubert

Diese Rose hat zwei Eigenarten: Es kann passieren, daß sie sich ihren endgültigen Standort selbst aussucht. Das geschieht wie folgt: Sie pflanzen sie in einer Reihe mit anderen Gehölzen oder Rosen. Die Rose mag ihre Nachbarschaft nicht und bildet unterirdisch Ausläufer, an denen sich dann eine oder mehrere neue Rosen dieser Art entwickeln. Meistens geht die Mutterpflanze daraufhin ein. Die zweite angenehme Eigenart: Sie duftet auch ohne Sonne, d. h. bei Nacht und an düsteren Tagen. Ansonsten bildet 'Blanc Double de Coubert' einen robusten, wiederholt blühenden Strauch mit mittelgroßen, locker gefüllten Blüten, der nicht viel Mühe bereitet. Sie wurde im Jahr 1892 von Cochet eingeführt und wird 150 cm hoch und ebenso breit. Die Farbe des Laubes ist grau-grün.

Frau Dagmar Hastrup

Sie trägt die schönsten Hagebutten unter den Rugosa-Hybriden und blüht dazu mehrmals im Jahr an neu gebildeten Trieben, die sie nur dann hervorbringt, wenn wir etwas Dünger spendieren. Die Blüten sind ungefüllt und hellrosa. Sie duften hervorragend. Der Strauch erreicht eine Höhe und Breite von 150 cm. Eingeführt wurde sie im Jahre 1914 von Hastrup.

Roseraie de l'Hay

Von der Art der Blüte gleicht sie 'Blanc Double de Coubert', ihre Farbe ist aber ein dunkles Rosa, die Blätter sind sattgrün. Auch hier ist der Duft stark. Der Strauch erreicht eine Höhe und eine Breite von 180 cm. Cochet hat sie im Jahr 1901 eingeführt.

Sarah van Fleet

Daß sie die meistgekaufte Rugosa aus unserem Sortiment ist, mag daran liegen, daß sie sehr früh blüht (von allen Sorten bei uns am frühesten) und ihre Blüten so schön und gut gefüllt sind wie bei einer „edlen" Spezies. Außerdem duftet sie stark und blüht wiederholt. Sie wird bis zu 2 m hoch und 150 cm breit. Gezüchtet wurde sie im Jahre 1926 von Dr. van Fleet.

'Frau Dagmar Hastrup' verwöhnt uns die ganze Saison über mit leuchtenden Blüten, die sehr schön im dunkelgrünen Laub zur Geltung kommen.

Werden von 'Roseraie de l'Hay' mehrere Sträucher als Hecke zur Abgrenzung eines Grundstücks gepflanzt, ist der Duft so stark, daß Sie ihn noch aus weiter Entfernung wahrnehmen. Mit einer Höhe von 180 cm und mehr ist diese Rose auch gut als solitär stehende mächtige Rose geeignet.

Oben: Da 'Sarah van Fleet' sehr zeitig im Frühjahr austreibt, ist ein Rückschnitt im Spätherbst anzuraten. Hierdurch wird auch vermieden, daß die Rose im unteren Teil verkahlt.
Unten: 'Blanc Double de Coubert' ist das weiß blühende Gegenstück zu 'Roseraie de l'Hay', die Blätter haben jedoch einen zart grauen Schimmer, der gut zum Weiß der Blüten paßt.

Kletterrosen verschiedener historischer Arten

Wenn ich meinen Kunden eine Rose anbiete, möchte ich in erster Linie, daß sie ihnen in den nächsten Jahrzehnten viel Freude bereiten möge. Rosen, die mehr Pflegeaufwand benötigen als Freude erzeugen, passen nicht in dieses Bild. Aus diesem Grunde werde ich hier mit drei Ausnahmen nur solche Kletterrosen vorstellen, die auch in unseren Breiten gut überwintern werden. Auch hier mit der Einschränkung, daß ein Spätfrost wie im Frühjahr 1997 bei vielen Rosen ungeschützte Triebe hinwegraffen wird.

Kletternde Teehybriden

Im Jahr 1809 kamen die ersten Teerosen aus Süd-China nach England. Sie waren von grünlich-gelber Farbe und von der Größe der Blüte und ihrer Form her eher unscheinbar, dauerblühend und wunderbar duftend. Aus diesen wurden die Teehybriden gezüchtet. Die Knospen sind länglich und edel, der Duft ist herb und intensiv. Bei den hier vorgestellten Sorten sollten die verblühten Frühjahrs-Blüten abgeschnitten werden, dann blühen sie im Herbst nochmals. Die Blüten sind erstaunlich groß mit einem Durchmesser bis 15 cm. Für diese Sorten ist ein Winterschutz immer anzuraten. Wenn sie bereits so groß sind, daß Sie die Triebe nicht mehr schützen können, empfehle ich, wenigstens so hoch wie möglich anzuhäufeln, eine Bambusmatte davorzustellen und/oder sie mit einem Vlies zu umwickeln. Eine Teehybride wird Ihnen all diesen Aufwand danken: Blütenform und Duft sind unvergleichlich!

Eine meiner Kundinnen im Alpenvorland wollte unter allen Umständen eine Teehybride pflanzen. Wir hatten ein sehr langes Telefonat miteinander, wobei ich versuchte, sie von diesem Ansinnen abzubringen. Ich schilderte ihr alle Gefahren, die auf diese Rose in künftigen Frühjahren zukommen würden. Ohne Erfolg. Zwei Jahre später berichtete sie mir dann von ihren Erfahrungen: Zunächst hatte sie im Oktober die Rose mit einem etwa 1 m hohen Plastikmantel umgeben, in welchen sie Blähton eingefüllt hatte (dies hatte sie zur Hand, da ihr Mann als Künstler große Figuren aus Metall schuf, wozu dieses Material benötigt wird). Die Kletterrose hatte sie vorsorglich im Herbst schon so geschnitten, daß nur die Leit-Triebe und die auf wenige Augen gekürzten Seitentriebe vorhanden waren. Sobald ein Nachtfrost unter minus 10 °C angekündigt war, umwickelte sie diese dann mit einer ausgedienten Daunendecke. Es hatte funktioniert, und sie war unbestritten eine der ganz wenigen, die eine solche Rose in dieser Gegend im Freien (außerhalb eines Kaltgewächshauses) bewundern konnte.

Guinée

Ihre bis zu 12 cm großen Blüten sind dunkelrot, voll gefüllt und stark duftend. Die Blütenblätter verfärben sich nicht beim Abblühen und sind hervorragend für Potpourris geeignet. Dies trifft im übrigen auf alle dunkelrot und dunkelrosa blühenden Rosen zu. Sie wird 4 m hoch. Mallorin führte sie im Jahre 1938 ein.

La France

Die Totgesagte lebt noch! So muß die Beschreibung dieser Rose beginnen, denn Mitte der 50er Jahre galt sie als „nicht mehr gezüchtete Rose". Auch Rosen sind – wie so vieles – der Mode unterworfen. Wird eine bestimmte Sorte nicht mehr verkauft, wird sie auch nicht mehr vermehrt. So kann es passieren, daß es weltweit von einer Sorte kein Vermehrungsmaterial (Augen) mehr gibt und daß sie ausgestorben ist. In den Büchern der Züchter finden sich, wenn es sich um eine gängige Sorte handelte, manchmal noch Aufzeichnungen über das Zuchtmaterial, so daß sie theoretisch wieder aufleben könnte. Im Falle der 'La France' wäre ein Verschwinden ein schmerzhafter Verlust für jeden Rosenfreund gewesen, denn sie ist schon zu alt, als daß die Elternpflanzen zum Wiederaufleben der Zucht verfügbar gewesen wären. Sie ist zunächst als Sorte deshalb wertvoll, weil sie die erste (im Jahr 1867 von Guillot Fils) gezüchtete Teehybride ist. 'La France' verströmt einen betörenden Duft, sowohl warm und rosig, als auch etwas herb. Aus dicken Knospen entwickeln sich voll gefüllte, große Rosenblüten mit einem Durchmesser von etwa 12 cm. Sie reckt die Blüten nicht nach oben, sondern neigt sie nach unten, so daß es scheint, als wolle sie mit dem Betrachter Kontakt aufnehmen. Die Blütenfarbe ist ein silbriges Rosa. Bei der 1867 gezüchteten Rose handelte es sich um eine Strauchrose, die hier vorgestellte kletternde Mutation entdeckte Henderson im Jahr 1893. Höhe ca. 400 cm. 'La France' blüht wiederholt, wenn die abgeblühten Blüten abgeschnitten werden. Wenn dies nicht geschieht, werden nur noch vereinzelt Blüten gebildet, alle Kraft wird in die Hagebutten gehen. Auch diese sind groß und nicht ohne Reiz, aber eine weitere Blüte ist vorzuziehen.

Ich erinnere mich an dieser Stelle an ein Telefonat mit einer Kundin im Juni 1996. Sie erzählte mir, daß sie in München wohnt und eine 'La France' an einem Apfelbaum hochgezogen hätte. Diese Rose wäre für sie das schönste Gewächs in ihrem Garten. Da ich noch niemals zuvor gehört hatte, daß diese Rose auch für einen solchen Standort geeignet ist, bat ich um ein Foto, welches ich kurze Zeit danach erhielt. Es handelte sich tatsächlich um

'La France'. Können Sie sich unsere gemeinsame Trauer vorstellen, als mir diese Kundin dann im Mai 1997 erzählte, daß sie die Rose im April-Spätfrost verloren hat?

Sombreuil

Das Besondere an dieser Rose ist ihre Eigenart flach aufzublühen. Die stark gefüllten, großen Blüten sind cremeweiß (bei Regen oder kühler Witterung zart rosé angehaucht) und duften hervorragend. 'Sombreuil' trägt diese Blüten während der ganzen Saison. Wie alle Teerosen muß sie gut angehäufelt, bei Spätfrösten im Frühjahr zusätzlich geschützt werden. Sie wird 300 bis 400 cm hoch. Eingeführt hat sie Robert im Jahr 1851.

Links: Wäre 'Guinée' nicht so frostempfindlich, würden wir sie sicherlich überall in Deutschland finden, denn Blütenform, Duft und Farbe sind perfekt.
Rechts: Unverfälschten Teerosen-Duft erleben Sie beim Schnuppern an 'La France'. Ihren Namen erhielt sie im Jahr 1867, als 50 französische Rosenzüchter sie unter tausend neuen Sorten zur schönsten kürten.

Noisette-Rosen

Diese Rosensorte stammt aus Amerika. Sie entstand durch Kreuzungen der *Rosa moschata* mit China-Rosen. Zum besseren Verständnis ein Hinweis zur *Rosa moschata:* Ihr Name ist auch Moschus-Rose. Sie war im 15. und 16. Jahrhundert sehr begehrt wegen ihres starken, würzigen Duftes. Es ist schon bemerkenswert: Eine einzige, kleine, ungefüllte weiße Rose genügt, um den Duft dieser Sorte zu erkennen, so intensiv ist er. *Rosa moschata* blüht erst im August und bildet lange, zarte Triebe (bis −10°C frosthart). Alle Noisette-Rosen tragen mittelgroße, gefüllte Blüten in Dolden. Im Jahr 1817 schickte Philippe Noisette einen Sämling dieser neuen Züchtungen an seinen Bruder in Paris. Auch Noisette-Rosen müssen im Winter angehäufelt werden. Für kalte Lagen empfehle ich einen Schutz mit Vlies. Verglichen mit Teehybriden haben Noisette-Rosen eine größere Winterhärte.

Aimée Vibert

Ihr Name ist auch „bouquet de la mariée" (Brautstrauß), und eine voll ausgebildete Dolde dieser Rose, verziert mit etwas Grün und zarten weißen Spitzenbändern, könnte sehr wohl ein überaus reizvoller, zarter, duftender Brautstrauß sein. Sie bildet rein weiße, gefüllte, mittelgroße Blüten, ihr Laub glänzt. Sie wird etwa 4 m hoch und wurde 1828 von Vibert eingeführt.

Blush Noisette

Hier sind die Blüten nicht ganz so stark gefüllt wie bei 'Aimée Vibert'. Die Farbe ist ein zartes Rosa, welches beim Abblühen in Creme-weiß aufhellt. Als Kletterrose erreicht sie 300 cm, sie kann aber auch gut als Strauchrose mit 150 cm gezogen werden. Um dies zu erreichen, wird im Frühjahr bis

auf 1 m zurückgeschnitten, wobei auch wieder beachtet werden muß, daß alle starken Triebe gleich lang bleiben, schwächere Seitentriebe entweder direkt am Leit-Trieb abgeschnitten oder auf 2–3 Augen eingekürzt werden. 'Blush Noisette' wächst nicht sehr schnell. Sollte ein Bogen oder eine Säule schnell bewachsen werden, ist diese Rose nicht geeignet. Philippe Noisette züchtete sie im Jahre 1817.

Céline Forestier

Ihre Blüten gleichen denen von 'Aimée Vibert', nur sind sie zur Mitte hin zart gelb. Sie kann sowohl als Strauch von 150 cm oder als Kletterrose mit 300 cm Höhe gezogen werden. Eingeführt hat sie Trouvillard im Jahre 1842.

Desprez à Fleurs Jaunes

Auch hier sind die Blüten gefüllt und gelb/rosé, und wie bei den anderen Noisette-Rosen süß duftend und in Dolden wachsend. Auffallend bei dieser Sorte ist ihr Farbenspiel. Ihre Neigung, die Blüten mit mehr Rosa oder Gelb zu bilden, hängt direkt mit der Intensität der Sonne zusammen. So kann es durchaus sein, daß Blüten, die am oberen, sonnig stehenden Teil des Rosenbogens stehen, rosa sind, die weiter unten, teilweise beschatteten, zart gelb. Die Triebe erreichen eine Länge von 4 m, eingeführt hat sie Desprez im Jahr 1826.

Ein in meiner Nachbarschaft wohnender Kunde hatte eine 'Desprez à Fleurs Jaunes' gekauft. Im Sommer des darauffolgenden Jahres rief er an und reklamierte, daß es sich um eine falsche Rose handeln müsse, denn die Blüten wären nicht zart gelb, sondern pastell-rosé. Zufälligerweise hatte ich gleichzeitig dieselbe Rose in meinem Garten an einen Rosenbogen gepflanzt. Um mich zu vergewissern, ging ich in den Garten und fand eine zartgelbe Rose. Ich sagte dies meinem Kunden, der es mir nicht glauben wollte. Ich bat ihn zu kommen, um sich selbst zu überzeugen. Einige Tage später war der Kunde tatsächlich da. Er begutachtete die Farbe der Rose, stellte anhand der Triebe und auch der Blätter fest, daß sie wohl von derselben Art wie die bei ihm gepflanzte ist und bestand darauf, daß wir die Rosen im nächsten Herbst austauschen, wobei ihm der gesamte Erdaustausch nicht zu viel Mühe bereiten würde. Ich habe damals zugestimmt, obwohl es schon gegen mein Gefühl ging, eine sich gerade etablierende Rose wieder entfernen zu müssen. Ich hätte ihm auch eine neue Jungrose anbieten können, doch dies war ein ganz spezieller Fall. Der Kunde erhielt „meine" 'Desprez à Fleurs Jaunes' (er mußte sie aber selbst in meiner Gegenwart ausgraben). Im kommenden Sommer blühte diese Rose dann im Garten dieses Kunden – wieder zart roséfarben. Dieses Phänomen ist erklärbar: Zunächst gab es an der Stelle, wo diese Rose gepflanzt worden war, mehr Sonne als bei mir im Garten. Außerdem ändert sich die Farbe bei Historischen Rosen häufig, je nachdem, wie das Mineralstoff-Angebot des Bodens beschaffen ist.

Madame Alfred Carrière

Sie ist der Star unter den Noisette-Rosen. Als wuchskräftigste dieser Rosensorte erreicht sie eine Höhe von 6 m. Dabei blüht sie ununterbrochen bis in den Herbst hinein. Ihre gefüllten Blüten, teilweise als Einzelblüte, teilweise in Dolden, sind weiß mit einem rosé Schimmer. Jedem Kunden, der diese Sorte besitzt, empfehle ich, sich spätestens im zweiten Jahr eine Astschere zuzulegen, denn 'Madame Alfred Carrière' hat eine Eigenart, die zwar auch bei anderen Kletterrosen zu beachten, bei dieser jedoch besonders intensiv ausge-

prägt ist: Nach der Hauptblüte im Juni bilden sich lange Seitentriebe, die, gelinde gesagt, mit ihrer Länge von bis zu 2 m unordentlich aussehen, und die Rose außerdem dazu verleiten, nur noch an diesen Triebspitzen Blüten zu tragen. Werden diese neu gebildeten Seitentriebe rechtzeitig, bevor sich Knospen an den Triebspitzen gebildet haben, die dann kein Rosenfreund mehr abschneidet, auf 5 oder 10 Augen zurückgekürzt, werden sich aus jeder Blattachsel neue Blüten bilden. Es genügt, diese Rose während der Vegetationsperiode im Auge zu behalten und sie entsprechend zurückzuschneiden. Dann wird sie immer den besten Blüherfolg bringen. Sie ist auch geeignet für Ostwände oder für Standorte ohne direkte Sonne am Nachmittag, kann aber auch in voller Sonne stehen, dann jedoch nicht vor einer weißen Wand!

Sind die Blütendolden von 'Blush Noisette' verblüht, sollten sie abgeschnitten werden. Dann werden unermüdlich weitere Knospen folgen.

Vom Rankgerüst ist nichts mehr zu sehen, vielleicht wurde 'Mme Alfred Carrière' auch an einem Baum gezogen, den sie zwischenzeitlich vollständig in Besitz genommen hat. Wenn Sie die langen Ranken, die sich nach der ersten Blüte im Juni bilden, mit der Baumschere auf wenige Augen kürzen, dankt es Ihnen diese Rose mit einer Nachblüte bis zum ersten Frost.

Auf den Knospen von 'Desprez à Fleurs Jaunes' sind zart rosafarbene Streifen zu sehen. Ein Hinweis darauf, daß in den Blütenblättern sowohl gelbe als auch rosafarbene Farbpigmente vorhanden sind.

Kletternde Bourbon-Rosen

Diese Rosenart haben wir bereits zuvor als Strauchrose (siehe Seite 38) beschrieben. Die Merkmale von Strauch- und Kletterrosen sind dieselben. Zu beachten ist, daß sie nicht in voller Sonne und schon gar nicht vor einer weißen Wand gepflanzt werden sollten. Nachmittagssonne und zusätzlich noch reflektierendes Licht lassen die Blüten sehr schnell verblühen, manchmal scheint es, als ob sie verbrennen. Auch die Enden der Triebe verbrennen in einer solchen Lage. Dies stellen wir übrigens bei vielen Kletterrosen fest, auch bei den modernen Züchtungen, auf die wir später zu sprechen kommen.

Gloire de Dijon

Neben modernen Sorten ist diese eine der schönsten und bewährtesten unter den Kletterrosen. Ihre großen Blüten zeigen eine Palette von Pastellfarben: Die Knospe ist von dunklem Gelb, die Blüten changieren je nach Sonne und Mineralgehalt des Bodens von einer Cognac-Farbe bis hin zu Gelb/Rosé. Sie sind stark gefüllt und intensiv duftend. Die Rose trägt Blüten während der ganzen Saison, die prächtigsten natürlich im Mai/Juni. Bei 'Gloire de Dijon' hatten wir noch am Weihnachtstag Blüten. Diese sollten Sie aber nur noch am Strauch genießen, in die warme Stube geholt halten sie nur noch einige Stunden. Daß wir noch so spät im Jahr in den Genuß von Rosenblüten kommen, liegt daran, daß wir nicht weit entfernt vom Rhein in der Rheinebene, der wärmsten Gegend Deutschlands, wohnen. Aber auch die restlichen Klimazonen und ihre Auswirkung auf das Gedeihen von Rosen sind mir bekannt. In einem geschützten Innenhof in München, Berlin oder Hamburg läßt sich dieses Schauspiel ebenso beobachten wie bei uns an ungeschützter Stelle. 'Gloire de Dijon' erreicht die passable Höhe von 500 cm oder mehr und wurde von Jacetot im Jahre 1853 eingeführt. Rosenexperten streiten sich bis auf den heutigen Tag, ob diese Sorte zu den Teerosen oder zu den Bourbon-Rosen zählt. Ich habe meine Entscheidung in dieser Hinsicht zugunsten der Bourbon-Rosen getroffen, da der Duft eher rosig ist und die Winterhärte der von modernen Züchtungen gleichkommt.

Zéphirine Drouhin

Ihre Blüten sind locker gefüllt und von einer schönen, dunkelrosa Farbe. Sie ist stachellos – auch eine Seltenheit – und mag ganz entschieden eine Lage in voller Sonne nicht. Ihr Duft ist stark. Wenn diese Sorte entsprechend zurückgeschnitten wird, kann sie auch als Strauchrose gezogen werden, ansonsten wird sie eine Höhe von 3 m erreichen. Bizot führte sie im Jahre 1868 ein.

Unter den historischen
Kletterrosen ist 'Gloire de
Dijon' durch die Größe und
Farbe der Blüten, ihre
Wuchskraft und ihren star-
ken, an Tee- und Noisette-
Rosen erinnernden Duft
eine der schönsten.

Rankrosen

Ganz wichtig: Rankrosen zählen zu den Wildrosen, haben somit 7 oder 9 Blätter und blühen erst im zweiten Jahr nach der Pflanzung. Glücklicherweise rufen viele Kunden an, denen ein „Rosenexperte" versicherte, es handle sich um wilde Triebe, bevor sie die Edeltriebe entfernen. Rankrosen, die Triebe von mehr als 5 m Länge bilden, blühen im Jahr nur einmal, die meisten tragen danach schöne kleine Hagebutten. Wenn Sie die Blütenfülle einer solchen Rose erleben, werden Sie verstehen, warum sie nicht noch ein weiteres Mal blühen kann. Gedüngt werden sollte sie im späten Herbst, beim Austreiben im Frühjahr und sobald Knospen angesetzt werden noch einmal. Düngen Sie reichlich. Die Rose braucht diese Nahrung! Lassen Sie eine Rankrose unkontrolliert wachsen, ohne Schnitt und ohne ihr den Weg zu zeigen, wird sie in einigen Jahren eine Fläche von vielen Quadratmetern überwuchert haben. Dies kann sehr reizvoll sein, wenn Sie einen Teil eines Hanges bewachsen lassen oder einfach einen Teil ihres Grundstücks unzugänglich machen möchten.

Möchten Sie, daß eine Rankrose an einem Baum hochklettert, sollte folgendes beachtet werden: Einige Gehölze eignen sich durch Stoffe, die sie in ihren Wurzeln tragen (pflanzliche Phenole) nicht als Kletterhilfe für Rosen. Dazu zählen blühende Gehölze, Birken (Flachwurzler) und Nadelgehölze (verändern durch ihre Nadeln den ph-Wert im Boden). Es gibt allerdings auch die Möglichkeit, Rosen gegen diese Wurzeln abzuschotten, bis sie genügend tiefe Pfahlwurzeln gebildet haben: Sie graben ein Loch, welches so groß ist, daß Sie darin einen 10-Litereimer versenken können, von dem Sie zuvor den Boden entfernt haben. Diesen Eimer versenken Sie ins Pflanzloch, den Boden lockern Sie mittels einer Grabegabel auf. Die Rose pflanzen Sie dann samt neuer, mit Kompost und Bodenverbesserern aufgewerteter Erde nach Vorschrift in den Eimer. Die Rose hat in den nächsten Jahren, während sie sich etabliert, Ruhe vor den für sie giftigen und sie stark attackierenden Wurzeln der Nachbarn. Noch nicht erlebt habe ich bisher, daß sich eine Rose unter einem Walnußbaum etablieren konnte. Somit lautet die Faustregel: Wächst unter einem Baum schwerlich ein Strauch oder ein Gehölz, ist er als Standort für eine Rose sicherlich auch nicht geeignet. Aber zurück zum Wunsch, Rosen an einem Baum hochranken zu lassen, was in der Zwischenzeit in Deutschland glücklicherweise schon mehrtausendfach gelungen ist. Nachdem die Rose durch neue starke Triebe zeigt, daß sie ihren Standort akzeptiert hat, wird sie im Jahr nach der Pflanzung lange Triebe bilden. Diese werfen Sie über den nächsten Ast des Baums. Von dort aus wandert die Rose dann immer weiter dem Licht entgegen. Bei der Auswahl des Baums ist außerdem wichtig, daß dieser nicht zu klein ist, denn eine voll ausgewachsene Rankrose bringt während der Blütezeit durch die Tausende von Blüten auch ein entsprechendes Gewicht. Außerdem sollte er nicht zu viele Blätter tragen, denn diese nehmen der Rankrose viel Kraft, weil sie nur dort Augen für Blätter und Blüten ansetzen wird, wo sie Licht und Sonne hat. Bei einem dicht belaubten Baum mit großer Krone kann sie somit gezwungen sein, meterlange Triebe ohne ein einziges Auge durch die Baumkrone bis an die andere Seite in Richtung Sonne zu treiben.

Rankrosen, vor allem die kräftig wachsenden, sind perfekt dazu geeignet, unschöne Schuppen oder Ecken Ihres Grundstücks zu begrünen. Dazu binden Sie die Haupttriebe mit weichem Bindematerial an mit Distanzhaltern gespannte Stahldrähte, an denen die Rose emporranken kann.

Diese Hängematte lädt, umrahmt von der Rankrose 'Lykkefund', die von 'Rambling Rector' kaum zu unterscheiden ist, zum Träumen ein. Solche Situationen können mit Rankrosen gestaltet werden, wenn alter Baumbestand oder Mauern vorhanden sind. Wählen Sie dafür keine zu starkwüchsigen Sorten.

Rankrosen zu ihrer perfektesten Form zu ziehen, ist einfach: Schlingen Sie die langen Triebe einfach um einen Obelisken oder eine andere Rankhilfe oder um eine durchhängende Kette und binden Sie die sich in den Folgejahren bildenden Seitentriebe immer in der gewünschten Form fest oder schneiden Sie sie ab. Der Erfolg wird Sie begeistern: Tausende von Blüten im Mai/Juni während 4 – 6 Wochen, dazu ein herrlich erfrischender Wildrosen-Duft. Und bei diesen zart wachsenden Rankrosen dürfen Sie im Herbst mit kleinen, orangefarbenen – zum restlichen Herbstlaub Ihres Gartens passenden – Hagebutten rechnen. Besorgen Sie sich für diese Form- oder Formschnitt-Aktionen zuvor dornendichte Handschuhe. Die gemeinsten Stacheln haben zweifelsohne diese Rosen. Sie sind geformt wie Katzenkrallen, damit sie in anderen Gehölzen etc. Halt finden, und kratzen entsprechend.

Die Blüten von 'Albéric Barbier' zählen zu den größten, die wir bei Rankrosen finden. Die langen Ranken sind so biegsam, daß sie leicht in Form gezogen werden können, zum Beispiel an langen Eisenketten oder spiralenförmig um Säulen oder Pfeiler.

Wie ein undurchdringliches Dach liegt *Rosa longicuspis* auf der Rosenlaube. Sie unterscheidet sich kaum von *Rosa filipes* 'Kiftsgate' und sollte zugunsten der Hagebutten erst im Frühjahr stark zurückgeschnitten werden, um diese Form beizubehalten.

Steckbrief:

Blühdauer: Etwa 4 – 6 Wochen lang ab Ende Juni
Wuchs: Sortenbedingt bis 6 m lange Triebe
Standort: Vollsonnig
Duft: Stark und süß, leicht nach Wildrose
Geschmack: Bitter
Haltbarkeit in Vase: 1–2 Tage, bei aufblühender Knospe geschnitten länger
Hagebutten: Vereinzelt
Rückschnitt: In Form schneiden

Rankrosen der Gattung Rosa wichuraiana

Diese Rankrosen wurden von Dr. Wichura aus Japan eingeführt. Die Blätter sind glänzend, wie poliert. Die mittelgroßen, gefüllten Blüten wachsen einzeln oder in Dolden und duften süß. Die Rosen behalten ihr Laub bis zum Frühjahr. Ich empfehle, im Winter anzuhäufeln, obwohl die Winterhärte erstaunlich gut ist, wenn sie nicht Zugluft ausgesetzt werden, die in kalten Frühjahren die Temperatur nochmals absenkt. Ein Hinweis für alle, die ihre Zweitwohnung in wärmeren Gegenden ohne Frühjahrs-Spätfröste haben: Rosen dieser Sorte bringen dort nach der Hauptblüte weitere Blüten.

Albertine

Die Farbe dieser Rose hat eine Dichterin einmal beschrieben mit einem Rosa, versunken in einer Tasse Tee. Das trifft zu! Die Blüten sind mittelgroß und duftend. Die Triebe werden 6 m lang. 1921 wurde 'Albertine' von Barbier eingeführt.

Albéric Barbier

Ihre mittelgroßen, gefüllten, rahmfarbigen Blüten werden in lockeren Dolden gebildet und duften süß und stark. Vereinzelt erscheinen einige Blüten noch im Herbst. Barbier hat sie im Jahr 1900 eingeführt. Die Länge der Triebe beträgt etwa 6 m.

Léontine Gervais

Sie ist eine Cousine von 'Albéric Barbier' und dieser völlig gleich, außer daß sie rosafarbene Blüten trägt. Ihre Einführung durch Barbier erfolgte 1903.

May Queen

Wie schon ihr Name andeutet, blüht sie etwas früher als die zuvor vorgestellten Sorten. Ihre Blüten sind auch ein wenig größer und locker gefüllt. Die Farbe ist ein schönes Rosa. Sie bringt etwa 4 m lange Triebe. Eingeführt hat sie Manda im Jahre 1898.

Links: Wie 'Albéric Barbier' zählt auch 'Albertine' zu den mehr als 20 Rankrosen der Gattung *Rosa wichuraiana*, welche in der französischen Baumschule von Barbier um 1900 gezüchtet wurden.

Rechts oben: Nur drei Pflanzen von 'Léontine Gervais' reichen aus, um die Mauer über und über mit Rosen zu bedecken.

Unten: In die Blütenfarbe von 'May Queen' mischt sich zuweilen ein lila Schimmer. Diese Sorte ist auch ein guter Bodendecker, ihre glänzenden Blätter bleiben gesund.

Steckbrief:

Blühdauer: Mitte Mai bis Ende Juni etwa 4 Wochen
Wuchs: Etwa 4 m
Standort: Vollsonnig, auch Ostlage
Duft: Leicht und fruchtig
Geschmack: Bitter
Haltbarkeit in Vase: 1 Tag
Hagebutten: Orangefarbene, kleine Hagebutten
Rückschnitt: In Form schneiden

Rankrosen der Gattung Rosa multiflora

Eingeführt wurde diese Rankrose von Thunberg im Jahr 1781. Die hellgrünen, mattglänzenden Blätter sind klein, ebenso wie die Blüten, die sehr zahlreich in Dolden gebildet werden. Der Duft ist nicht stark, leicht fruchtig. Ihre Winterhärte ist größer als die der *Rosa wichuraiana*.

Bleu Magenta

Die kleinen Blüten sind locker gefüllt, die Farbe ist ein dunkles Lila/Rosa, sie werden in großen Dolden gebildet. Auch hier haben wir wieder eine stachellose Rose, wie 'Zéphirine Drouhin'. Die Triebe werden bis 3 m hoch. Eingeführt wurde sie im Jahre 1899.

Félicité et Perpétue

Diese Rose zählt streng genommen zu den „Sempervirens". Dies bedeutet, daß sie über Winter ihre Blätter nicht abwirft. Ich stelle sie dennoch in der Gruppe der Multifloras vor, da sie diesen im Wuchs sehr ähnlich ist. Die Triebe bilden viele Seitentriebe, ihre gefüllten Blüten sind rahmweiß und duften. Sie blüht verhältnismäßig spät, erst im Juli, und treibt Triebe bis 6 m. 1827 hat sie Jacques eingeführt.

Rambling Rector

Als Abkömmling der *Rosa moschata* gehört auch diese Rose streng genommen nicht hierher, doch auch sie gleicht in Wuchs und Blütenform den Multifloras. Beheimatet war sie ursprünglich im Himalaya. Ihre kleinen, gefüllten weißen Blüten öffnet sie im Mai/Juni und blüht etwa 6 Wochen lang. Wenn es nachts noch kalt ist, zeigen die Blüten einen Hauch von Rosa. Sehr schön sind auch die sich zuverlässig bildenden orangefarbenen Hagebutten, die ich im Herbst und in der Vorweihnachtszeit gerne für Arrangements verwende. Ihr Laub ist sehr gesund, sie kann leicht in Form gezogen werden.

Auf unserem Grundstück habe ich eine 'Rambling Rector' hinter ein kleines Gewächshaus gepflanzt. Da der Zugang in den Folgejahren durch andere Rosen erschwert wurde, hatten wir diese Rose fast vergessen, bis sie eines Tages nicht nur den daneben wachsenden Baum berankte, sondern auch das Dach des Gewächshauses. Mitten im Dach befindet sich eine Belüftungsöffnung. Als würde sie in Wettstreit mit der früh blühenden 'Sarah van Fleet' treten wollen, streckt sie jedes Frühjahr einen Trieb ins Gewächshaus hinein, an welchem sie bereits Mitte April ihre ersten, dann noch rosa-weißen Blüten zeigt.

Veilchenblau

Im Vergleich zur zuvor vorgestellten 'Bleu Magenta' sind die Blüten weniger stark gefüllt. 'Veilchenblau' wächst sehr zuverlässig auch an etwas kritischen Standorten mit wenig Sonne und in Nachbarschaft etablierter Gehölze und Sträucher. Zunächst sind die Blüten rötlich angehaucht, später violett-blau. Ihre Trieblänge erreicht etwa 4 m, eingeführt wurde sie im Jahr 1909 von Schmidt.

Die Blütenfülle von 'Rambling Rector' gibt uns einen Vorgeschmack auf das, was uns im Herbst erwartet: Millionen kleine, rote Hagebutten. Es dauert etwa 10 Jahre, bis wir uns an einem Anblick wie diesem erfreuen können. Bei der Anpflanzung wurden seinerzeit vier dieser Sorte um einen mächtigen, alten Apfelbaum gruppiert.

Wenn Sie eine stachellose Rose wünschen, ist 'Bleu Magenta' eine geeignete Sorte. Wie bei vielen Rosen wird die Blütenfarbe stark von den Lichtverhältnissen beeinflußt und schwankt von dunkelrosa über kirschrot bis zu hellviolett. Die Blüten haben teilweise auch weiße Streifen.

Félicité und Perpétue hießen die beiden Töchter des Züchters dieser Rose, die beide Namen erhielt. Die gefüllten Blüten bilden sich aus Knospen mit dunkelrosa Kelchblättern.

Starkwüchsige Rankrosen

Wenn Sie wünschen, daß eine einzige Rose das Dach eines (mittelgroßen) Biergartens – ich schreibe in Kenntnis der bayrischen Biergärten hier absichtlich mittelgroß – bedeckt, sollten Sie eine der nachfolgenden Rankrosen wählen. Beachten Sie bei der Pflanzung bitte auch, daß die Triebe der Rose nach etwa 6 Jahren einen Durchmesser (pro Trieb) von etwa 6 cm erreichen und daß die Rose im unteren Bereich einen Durchmesser von 1–2 m haben wird. So gesehen sind diese Rosen für kleine Gärten nur bedingt geeignet. Im Juni ist das Schauspiel dann allerdings perfekt: Tausende von Rosenblüten bedecken die Triebe wie ein Teppich, der Duft ist würzig. Schön sind auch die teilweise großen Blätter. Die Unanfälligkeit gegen Krankheiten ist genauso groß wie ihre Winterhärte – leider – gering ist. Im Test-Frühjahr 1997 büßten 'Bobbie James' und 'Brenda Colvin' bei uns in der Rheinebene nur einige Meter Trieblänge ein, 'Paul's Himalayan Musk' und die zuvor genannte 'Rambling Rector' waren bis auf die Veredelungsstelle zurückgefroren. Im Jahr darauf trieben sie wieder aus, im Folgejahr hatten sie auch wieder Blüten. Das Abnehmen der meterlangen, sehr stacheligen Triebe war jedoch keine angenehme Arbeit. Schützen Sie sich mit dornendichten Handschuhen, einer dicht gewebten alten Jacke mit Kapuze und setzen Sie eine große Brille auf.

Bobbie James

Die Blüten ähneln sehr denen eines Apfelbaums und sind in etwa gleich groß. Sie bedecken die Triebe ab Ende Mai bis Mitte Juni mit einer unvorstellbaren Fülle. Die hellgrünen, sehr gesunden Blätter sind groß und geben dieser Rankrose ein schönes Flair. Sie wächst sehr kräftig mit bis zu 9 m langen Trieben, die nur wenige, dafür aber kräftig ausgebildete Stacheln tragen. Hagebutten sind selten. Eingeführt wurde sie im Jahre 1961.

Brenda Colvin

Ihre Wuchskraft ist mit der von 'Bobbie James' zu vergleichen, nur daß ihre Blüten zart rosa und gefüllt sind mit intensiv gelben Staubgefäßen. Von weitem erscheint die Farbe dieser Rose pastell Rosa-orange. Auch ihre Triebe werden bis zu 9 m lang. Hier bilden sich zuverlässig kleine Hagebutten, welche die Rose bis zum Frühjahr schmücken (außer unsere Vögel laben sich daran).

Mermaid

Bei dieser Sorte habe ich lange überlegt, ob ich sie hier vorstellen oder lieber darauf verzichten soll. Sie ist die einzige, bei der wir bei Ausfall keinen Ersatz leisten! Im eigenen Garten bedurfte es dreier Anläufe, bis eine 'Mermaid' anwuchs. Aber die herrliche Rankrose, die sich dann gebildet hat und mich die ganze Saison über erfreut, ist es einfach wert, in diesen kleinen, feinen Kreis von Rosen aufgenommen zu werden. Es gibt weltweit nur noch eine Handvoll Züchter, die 'Mermaid' – zu deutsch Meerjungfrau – anbieten. Sie ist ziemlich schwierig als Jungrose. Ihre Triebe haben die Eigenart, leicht aus der Veredelungsstelle zu brechen. Wir hatten ein sehr schönes Exemplar bereits zwei Jahre im Topf gezogen. Als wir die Rose in den Boden pflanzen wollten, waren einige kleine Wurzeln durch die Löcher im Topfboden gewachsen. Wir hatten sie schon beinahe aus dem Topf, ich zog ein wenig an den Trieben, um sie vollends zu befreien, da zerbrach sie in zwei Teile und war, obwohl die an der Wurzel verbleibenden Triebe unbeschädigt aussahen, nicht mehr zu retten. Sie war die erste der drei eigenen Anläufe. Die zweite 'Mermaid' fiel sicherlich unseren Katzen zum Opfer, die ungeniert alles Neue im Garten

So in Form bleibt 'Mermaid' nur, wenn die langen Seitentriebe, die sie nach der ersten Blüte im Juni bildet, regelmäßig auf wenige Augen zurückgeschnitten werden.

In der vollen Sonne scheinen die Blüten von 'Brenda Colvin' beinahe weiß zu sein, bei einigen etwas im Schatten befindlichen Blüten ist die zartrosa Farbe zu erkennen.

Massive Stämme aus Hartholz, welche einfach zusammengenagelt wurden, sind ein ideales Rankgerüst für 'Bobbie James'. Die Triebe werden nur in den ersten beiden Jahren am Gerüst angebunden, anschließend finden sie ihren Weg alleine.

Wie ein Teppich aus Rosen
liegt 'Paul's Himalayan
Musk' zunächst auf dem
Baum und anschließend auf
der Laube aus Holz.

„markieren", die dritte erhielt dann einen Schutz aus feinem Maschendraht, und auch sie ließ sich etwas Zeit, bis sie die ersten kräftigen Triebe brachte. Hat 'Mermaid' sich aber mit einer Pflanzposition und ihren Besitzern angefreundet, ist diese Rose nicht mehr zu bremsen. Ab Juni trägt sie fortwährend Blütendolden bis zum ersten Frost. Die Blüten sind je nach Standort zart bis kräftig gelb, groß und ungefüllt, beinahe mit einer Clematis-Blüte zu vergleichen, mit dunkelgelben Staubgefäßen. Sie duften leicht. Das dunkelgrüne Laub ist glänzend und völlig unempfindlich. Wir haben 'Mermaid' an die sonnigste, wärmste Wand unseres Grundstücks gepflanzt, neben eine Aprikose. Ich empfehle sie nur für Lagen, an denen auch Reben gedeihen. Da sie ihr Laub im Winter behält, ist die Winterhärte nicht sehr groß. Vom alten Laub trennt sich 'Mermaid' im übrigen erst kurz vor der Blüte. Dann werden die „alten" Blätter gelb und fallen ab. Schneiden Sie diese Rose im September zurück, d. h. die Seitentriebe bis auf 5 Augen kürzen. Sie wird bis zu 8 m hoch. Eingeführt hat sie Paul im Jahr 1910.

Paul's Himalayan Musk

Ihre Dolden sind so dicht gefüllt, daß sie manchmal wie kleine Kissen aussehen. Die kleinen, silbrig-rosa Blüten sind fast weiß, dazwischen erscheint ab und zu eine dunkler-rosa gefärbte Blüte. Die einzelnen Blüten sind sehr dicht gefüllt. Wenn wir 5 Jahre nacheinander keinen späten Frost im Frühjahr haben, erreicht sie eine Trieblänge von 9 m. Hagebutten erscheinen regelmäßig, wenn gut gedüngt wird.

Lassen Sie sich nicht täuschen: Die zarten Blütenranken gehören zur mächtig wachsenden *Rosa filipes* 'Kiftsgate' und bedecken die Backsteinwand viele Meter lang.

Rosa filipes 'Kiftsgate'

Mit einer Trieblänge von bis zu 10 m ist sie die am stärksten wachsende Rankrose. Die Blüten sind cremefarben, klein und ungefüllt und wachsen in Dolden. Die Rose blüht etwa 4 Wochen lang ab Mitte Juni und bildet danach Dolden kleiner, orangefarbener Hagebutten. Sie wurde erst im Jahre 1954 in Kiftsgate (England) entdeckt.

Wildrosen

Ich stelle hier Wildrosen vor, die sich stark voneinander unterscheiden und sehr gut geeignet sind, Hecken zu bilden oder einen interessanten Aspekt im Garten zu schaffen. Bedenken sollten Sie, daß Wildrosen immer kräftig wachsen, die angegebenen Größen eher über- als unterschritten werden. Wenn Wildrosen in Form geschnitten und gedüngt werden, bleiben sie über Jahrzehnte hinweg ein reizvoller Blickfang. Die meisten Wildrosen blühen etwa 4 Wochen lang ab Mitte Mai, viele von ihnen tragen schöne Hagebutten. Sie sind alle winterhart.

Golden Wings

Streng genommen zählt diese Rose zu der Gattung der *Rosa pimpinellifolia*. Dem amerikanischen Züchter Shepherd gelang 1956 diese Züchtung. Die goldgelben, ungefüllten Blüten sind groß, die Staubgefäße rötlich-braun, die Blätter hellgrün. Sie blüht wiederholt und trägt nach der letzten Blüte schöne, große Hagebutten. Mit einer Höhe von 120 cm und einer fast gleichen Breite ist der Strauch für die Begrenzung eines Grundstücks, für den Hintergrund eines Rosenbeets oder für eine solitäre Lage geeignet. Das Laub und die Wuchsform erinnern an die Pimpinellifolia-Herkunft: Es ist nicht allzu groß, und die Triebe sind nicht aufrecht, sondern wachsen bogenförmig.

Lord Penzance

Die Rosen-Familie hält immer einige Überraschungen für uns bereit. Mit der vielblättrigen, feinen Struktur seines Laubs erinnert 'Lord Penzance' eher an Farn als an eine Rose und duftet nach grünen Äpfeln! Höhe und Breite betragen etwa 180 cm. Lord Penzance führte sie im Jahr 1894 ein.

Oben: 'Lord Penzance' gedeiht auch auf mageren Böden und ist gut geeignet, in Hecken zusammen mit anderen Sträuchern und Gehölzen gepflanzt zu werden. Rechts: Bei 'Golden Wings' ist der Blütenboden rötlich braun, auch die Staubgefäße haben diese Farbe. Die Nachblüte wird angeregt, wenn Verblühtes abgeschnitten wurde.

Manning's Blush (Schottische Zaunrose)

Die Blüten sind weiß, mittelgroß, gefüllt, mit einem Hauch von Rosa. Ihr Duft ist würzig und frisch, eigentlich kaum zu beschreiben. Die Unterseite der kleinen Blättchen sind mit drüsigen Härchen besetzt, die diesen köstlichen Duft verströmen. Streichen Sie mit dem Finger leicht über diese Härchen, damit Sie den Duft für einige Zeit bei sich tragen können. 'Manning's Blush', die eine *Rosa rubiginosa* ist und auch Schottische Zaunrose genannt wird, wächst etwa 150 cm hoch und wird genauso breit. Eingeführt wurde sie um 1790.

Complicata

Sie trägt zuverlässig etwa 1,5 cm große Hagebutten. Damit meine ich, daß jede Blüte auch eine Hagebutte bringt. Die Blüten selbst sind groß und ungefüllt, die gelben Staubgefäße sitzen darin wie ein dicker Pompon. Die Blüten sind am Rand rosa und werden zur Mitte hin immer gelber. Sie verströmen einen herben, kräftigen Wildrosen-Duft. Wir schneiden die 'Complicata' im Frühjahr immer auf eine Höhe von etwa 1 m zurück, lassen zwei ihrer Triebe aber auch als Rankrose wachsen. Sie ist eine Hybride zwischen einer *Rosa gallica* und der *Rosa canina* mit unbekannter Herkunft.

Geranium

Der Wuchs der Triebe, ihr Laub, die Blüten und die Hagebutten der *Rosa moyesii* 'Geranium' sind kaum mit einer anderen Rosen-Sorte zu vergleichen. In regelmäßigen Abständen entwickeln sich kurze Blättertriebe mit kleinem, vielblättrigem Laub und jeweils einer oder mehreren kleinen, ungefüllten, geranienroten Blüten. Bei dieser Sorte liebe ich die Gesetzmäßigkeit, mit der sich an den geraden, unverzweigten Trieben eine Kette von Blüten und anschließend Hagebutten bilden. Sie wird 2 m hoch und ebenso breit und wurde 1938 als Sämling einer chinesischen Wildrose eingeführt.

'Stanwell Perpetual' bildet
ihre Blüten an dünnen Trieben, die durch das Gewicht
überhängen. Sehr schön
wirkt sie in einem auf einer
Säule stehenden großen
Topf oder auch als Hoch-
stamm-Rose.

Die Blühdauer von 'Fritz Nobis' liegt bei 4 bis 6 Wochen, da sie in Dolden blüht und sich die Knospen nacheinander öffnen.

Links: Das Laub von *Rosa rubrifolia* ist in der Tat so, wie auf der Abbildung gezeigt, und gibt Blumen-Arrangements eine besondere Note.
Rechts: Nach der Blüte bildet *Rosa villosa* 'Duplex' auffallende Hagebutten, die mit feinen Borsten bedeckt sind.

Rosa villosa 'Duplex'

Hier bilden sich hellrosa, leicht gefüllte Blüten. Die Farbe des Laubs ist hellgrau. Nach der Blüte trägt diese Rose wunderschöne Hagebutten – dies ist der Hauptgrund, warum wir sie Ihnen vorstellen –, die so groß sind wie dunkelrote Miniatur-Äpfel. Höhe und Breite etwa 2 m. Legen Sie ein Rosenbeet mit Historischen und modernen Rosen an, erleben Sie im Herbst das Farbenspiel von schönen Hagebutten und Rosenblüten.

Rosa x richardii

Sie ist eine der ältesten Rosen, die heute noch vermehrt wird. Ihr Name ist auch „Heilige Rose von Abessinien", und sie entstammt der Minoischen Kultur. Wenn ich nach einer Historischen „Bodendecker-Rose" gefragt werde, ist dies die einzige empfehlenswerte Sorte. Ihre Blüten sind ungefüllt und zart rosé mit intensiv gelben Staubgefäßen. Nach der Blüte werden schwarze Hagebutten gebildet, die – nebenbei gesagt – eine stark abführende Wirkung haben. Die Rose wird breiter (120 cm) als hoch (60 cm). Ihr Alter wird auf etwa 4000 Jahre geschätzt.

Rosa glauca auch Rosa rubrifolia, (Blaue Hechtrose)

Bei dieser Rose sind sicherlich das rötlich-graue Laub und die kleinen Dolden orangefarbener Hagebutten das Besondere. Die kleinen, einfachen, hellrosa Blüten sind unscheinbar. *Rosa glauca* blüht sehr frühzeitig, früher als die meisten anderen Rosen, und darf auch im Schatten gepflanzt werden. Die Triebe und Hagebutten werden gerne von Floristen als schmückendes Beiwerk in Bouquets eingesetzt. Die Rose wird 150 cm hoch und 120 cm breit.

Stanwell Perpetual

Unter den Wildrosen nimmt sie insofern eine Sonderstellung ein, als sie wiederholt blüht und nur wenige Hagebutten trägt. Eine weitere Eigenart der 'Stanwell Perpetual' ist, daß sie verhältnismäßig lange braucht, bis sie sich an ihrem neuen, endgültigen Standort etabliert hat. Mir sind Fälle bekannt, wo sie im ersten Jahr überhaupt nicht wuchs, dafür aber an jedem Auge der immer noch nur 30 cm hohen Triebe unermüdlich blühte. Ihre mittelgroßen, gefüllten Blüten sind zart rosé, manchmal fast weiß. Der Duft ist würzig und leicht süß. Es ist schon ein reizvoller Anblick, wie sich diese zarten Blüten nebeneinander auf dünnen, völlig mit kleinen Stacheln bedeckten Trieben entwickeln. Das vielblättrige Laub paßt gut zum Gesamtbild der Rose. Sie ist eine Hybride aus der Schottischen Zaunrose und der *Rosa x damascena* 'Bifera'. 1838 hat sie Lee eingeführt. Nach einigen Jahren wird sie eine Höhe von 150 cm und dieselbe Breite erreichen. Zum Laub möchte ich noch anmerken, daß sich darauf im Laufe der Saison purpurne Flecken bilden. Es handelt sich dabei nicht um eine Krankheit, sondern um eine Eigenart dieser Sorte.

Fritz Nobis

Auch sie ist eigentlich keine Wildrose, paßt wegen ihres Charakters jedoch in diese Gruppe. Der Strauch wächst in einer runden Form und bleibt bis zum Boden hin belaubt, das Laub ist matt hellgrün. Die locker gefüllten, zart rosafarbenen Blüten haben eine Tiefenwirkung durch die gelben Staubgefäße. Sie scheinen nach außen hin zu leuchten. Der Duft von 'Fritz Nobis' erinnert an Apfelblüten. Angenehm ist, daß sie sich selbst putzt, also nicht bestäubte Blüten abwirft, und sich aus den bestäubten schöne dunkelrote runde Hagebutten bilden. Sie wird 180 cm hoch und etwas weniger breit. Eingeführt hat sie Kordes im Jahr 1940. Ich empfehle einen Standort im Schutz anderer Sträucher, dann ist diese Sorte winterhart. Sie blüht im Mai/Juni etwa 4 bis 6 Wochen lang.

Auch die beiden folgenden, unter dieser Rubrik vorgestellten Rosen, sind keine echten „wilden". Da sie jedoch mit unglaublicher Blütenfülle etwa 4 Wochen lang blühen und anschließend Hagebutten tragen und die Wuchskraft wilder Rosen besitzen, nehme ich sie in dieses Kapitel auf:

Constance Spry

In meinem Augen ist sie die schönste und gesündeste jemals von dem Engländer Austin gezüchtete Rose. Im Jahr 1961 entstanden, war sie zugleich eine der ersten Austin-Züchtungen. Ihre großen Blüten sind becherförmig, gefüllt und haben einen würzigen Duft nach Myrrhe. Die Wuchskraft ist so stark, daß sie durch entsprechenden Schnitt sowohl als Strauch als auch als Kletterrose bis zu 3 m Höhe gezogen werden kann. Auch ein leicht beschatteter Standort ist dieser Rose willkommen. Nach der Blüte bilden sich schöne, mittelgroße Hagebutten. Schneiden Sie 'Cons-

Aus der Ferne betrachtet wirken die Blüten von *Rosa x richardii* zart apricot-farben durch das Zusammenspiel der rosafarbenen Blütenblätter mit den intensiv gelben Staubgefäßen.

tance Spry' entweder nach der Blüte in Form, wenn sie als Strauch gezogen wird, oder kürzen Sie die Seitentriebe bei der als Kletterrose gezogenen Variante ebenfalls nach der Blüte auf wenige Augen zurück.

Shropshire Lass

Auch sie wurde von Austin gezüchtet, und zwar 1968. Ihre bogenförmig wachsenden Triebe erreichen eine Länge von 2 m. Sie blüht im Juni etwa 4 Wochen lang mit großen, ungefüllten cremeweißen, apricot angehauchten Blüten, die den Strauch dann üppig bedecken. Anschließend bilden sich immer rötliche Hagebutten, die verblühten Rosen also auf keinen Fall abschneiden! Das Laub ist sehr gesund, und zusammen mit den Hagebutten bietet die Rose das ganze Jahr über einen schönen Anblick. Ich empfehle, 'Shropshire Lass' als Hecke, im Hintergrund eines Rosenbeets oder solitär zu pflanzen. Sie kann auch als Kletterrose bis zu 3 m Höhe gezogen werden.

Wenn 'Shropshire Lass' (links) und 'Constance Spry' wie hier gezeigt als Kletterrosen gezogen werden, ist ein Rückschnitt auf maximal 5 Augen nach der Blüte unumgänglich, wobei die Rosen anschließend keine Hagebutten tragen werden. Wollen Sie auf Hagebutten nicht verzichten, erfolgt der Rückschnitt im Frühjahr. Dabei reduziert sich die Blüte auf die Augen, die den Rosen dann noch verbleiben, da sie nur an den im Vorjahr gebildeten Trieben blühen werden.

Hier sehen wir die Blüten von 'Shropshire Lass' im Großformat. Das Pastell-apricot wirkt sehr edel.

Moschata-Hybriden

Mit *Rosa moschata* als Elternteil sind schon viele interessante Rosen gezüchtet worden. In den 40er Jahren gelangen dem englischen Geistlichen Reverend Pemberton einige hervorragende Züchtungen, die bis heute ihren Platz im Garten und ein spezielles Kapitel in diesem Buch verdienen. Das andere Elternteil habe ich – sofern bekannt – zum besseren Verständnis z.B. von der Farbe der Blüte angegeben.

Buff Beauty (Rosa moschata x Teerose)

Noch heute ist diese Sorte heiß begehrt, obwohl es von ihrer Farbe zwischenzeitlich sehr viele Rosen gibt. Aber einige Merkmale machen sie doch zu etwas ganz Besonderem: Die Blüten werden in Dolden getragen. Vom dunkelgelben/cognacfarbenen Knospenstadium hellt die Blüte über Gelb bis hin zu cremefarben auf. Die Triebe wachsen bogenförmig und sollten gestützt werden. Gezüchtet wurde sie im Jahre 1939. Der Strauch erreicht mit Formschnitt eine Höhe von ca. 200 cm.

Felicia (Rosa moschata x Rankrose)

Die Knospen sind zunächst aprikosenfarbig, die kleinen Blüten anschließend zart rosa. Auch hier bilden sich große Dolden, wobei die Blüten reizvoll – wie bei einem Bouquet – hintereinander stehen. Der Duft ist stark. In Form geschnitten bleibt 'Felicia' 150 cm hoch, wächst aber gerne als Rankrose bis zu einer Höhe von 300 cm.

Moonlight

Hier sind die Triebe mit kleinen bis mittelgroßen, gefüllten, duftenden, weißen Blüten bedeckt. Das Blütenzentrum ist hellgelb. Eingeführt wurde sie im Jahre 1919. Der Strauch wird 150 cm hoch und 120 cm breit.

Penelope

Die Blüten sind locker gefüllt und von interessanter, zart lachsgelber Farbe. Hier lohnt es sich, einige Dolden zur Hagebuttenbildung stehenzulassen, denn diese haben eine ungewöhnliche Farbe: zunächst Rosa mit grünen Sprenkeln, danach Orange. Ihr Duft ist stark. Eingeführt hat sie Pemperton im Jahr 1924. Auch sie wird 150 cm hoch und 120 cm breit.

Die einzelnen Dolden von
'Felicia' blühen wochenlang
und bilden anschließend
Hagebutten. Wenn Sie eine
üppige Nachblüte wün-
schen, müssen Sie die abgeblühten Dolden mit den sich
bildenden Hagebutten ab-
schneiden.

In diesem Beet wurden zwei Pflanzen von 'Penelope' mit einem Abstand von 50 cm gepflanzt. Wichtig ist der Rückschnitt im Frühjahr auf eine Höhe von maximal 50 cm, damit die Rosen nicht zu hoch werden. Rechts im Bild ist die Mauer schon teilweise von 'Bobbie James' berankt. In spätestens 2 Jahren wird von dieser Mauer nichts mehr zu sehen sein.

Wer von meinen Kunden
'Buff Beauty' kennt, ist begeistert. Auch sie neigt
dazu, Hagebutten zu bilden,
die zugunsten der schönen
Blüten immer gleich ent-
fernt werden sollten.

Moderne Rosen mit dem Charme historischer Sorten

Alle historischen Rosen, ohne Ausnahme, strahlen auf jeden Menschen, der seine Umwelt bewußt wahrnimmt, einen solchen Reiz aus, daß er sich gerne mit ihnen umgibt und auch manche pflegerischen Tätigkeiten freiwillig ausübt. Rosen sind für mich der Mittelpunkt meines gärtnerischen Denkens – und oftmals auch Mittelpunkt anderer Aktionen. Allerdings erfüllen historische Rosen durch ihre genetisch bedingte Art manche Wünsche nicht. Hier einige Beispiele:

Es wurde eine robuste, winterharte, wiederholt blühende rote Kletterrose gewünscht, die zudem noch duften sollte. Ich suchte 5 Jahre lang und stieß zufällig, auf die konkrete Anfrage einer Kundin hin, auf eine von Delbard gezüchtete Sorte. Nebenbei gesagt war dies der Beginn meiner Geschäftsbeziehung mit diesem Züchter, der derzeit in dritter Generation das Kunststück vollbringt, außergewöhnliche Züchtungen hervorzubringen und diese einem – glücklicherweise immer kritischer werdenden – Publikum in einer überdurchschnittlich guten Qualität zu liefern.

Wenn ich hier gerade das Kaufverhalten von Gartenfreunden anspreche: Haben Sie sich schon einmal Gedanken gemacht, wie lange das „Gehölz" Rose an ein und demselben Ort stehen wird, und wie viel Mühe es macht, eine unpassende oder Ihrer Meinung nach wertlose Rose gegen eine andere auszutauschen? Bei einer Rose dürfen Sie, anders als bei einer Staude – damit meine ich Rittersporn, Phlox oder ähnliche Pflanzen – von einer Lebensdauer von mehreren Jahrzehnten ausgehen, und einmal etabliert, prägt sie ihren Standort. Dieses Kapitel ist so umfangreich, daß wir darüber an anderer Stelle ausführlich sprechen werden. Hier würde es beim Kennenlernen so vieler neuer, interessanter Rosen eher verwirren.

Kommen wir zurück auf die zuvor angesprochene rote Kletterrose von Delbard. Sie nennt sich 'Salammbo' (auf gut deutsch Salomon) und ich lernte diese Spezies kennen, als ich sie auf einem Festival ausstellte und mir das Vergnügen zuteil wurde, sie 4 Tage lang als Topfrose zu genießen: Im Topf war sie etwa 180 cm hoch (im Boden erreicht sie 3 m) und trug große, dunkelrote, duftende Blüten und ein schönes, dunkelgrünes Laub – ein bemerkenswerter Anblick, der vor allem Männer faszinierte. 'Salammbo' ist jedenfalls die Kletterrose, die ich für den zuvor gewünschten Bedarf (robust, winterhart, duftend, wiederholt blühend) besonders gern empfehle. Ihren ganzen Reiz behält diese Sorte – wie jede dunkelrote Rose – jedoch nur dann, wenn sie im Garten oder an einem Rankgerüst genügend Sonne hat.

Oder ein anderer Kundenwunsch: Eine gelbe, wiederholt blühende, robuste Bodendecker-Rose, nicht grell und schreiend gelb, sondern pastellfarben und duftend! Hier mußte ich noch einige Jahre länger warten, bis ich eine von Harkness gezüchtete Rose, die 'Yellow Floorshow', fand, die diese Wünsche befriedigt.

Diese beiden – willkürlich aus so vielen Wünschen herausgegriffenen – Sorten sollen es für Sie verständlich machen, warum ich meine geliebten historischen Sorten mit neuzeitlich gezüchteten Spezies vereine. Die historischen Sorten bleiben für mich immer die Königinnen, das Zentrum meiner Wünsche in bezug auf Rosen. Die modernen werden sie begleiten, sie mit all ihrer Schönheit umgeben und ihre Anmut und ihren Wert noch erhöhen. Ich bin der Ansicht, daß ich den Wunsch von Alma de l'Aigle, einer großen Rosenkennerin und Schriftstellerin des letzten Jahrhunderts, nach „Traumrosen" realisieren konnte. Sie träumte damals von Rosen, die den Duft und den Charme der Historischen Rosen mit Gesundheit, guter Winterhärte und wiederholter Blüte verbinden.

Die Rose am Rosenbogen könnte 'Nahéma' sein, da sie in einer solchen halbschattigen Pflanzposition gut gedeiht und unten kaum verkahlt. Um den Rosenbogen vollständig zu beranken, wird an jeder Seite des Bogens eine Rose gepflanzt.

Bei der Auswahl moderner Züchtungen, die diese Kriterien erfüllen, bin ich sehr gezielt vorgegangen, denn – wie schon gesagt – muß auch eine moderne Sorte die Persönlichkeit historischer Rosen besitzen, um neben ihnen bestehen zu können. Außerdem ist die Grundqualität der jungen Rose wichtig: Ich erhalte die historischen Sorten aus England von meinem „Vermehrer" Bentley-West (der renommierte Betrieb ist in der Nähe von Leicester angesiedelt) in außergewöhnlich starker, zuverlässiger Qualität. Da Kundenwünsche sowohl historische als auch moderne Rosen beinhalten, müssen die Modernen die gleiche Qualität haben, d. h. sie müssen auch gut duften. Auch dies hat Einfluß auf meine Auswahl von modernen Rosenzüchtungen.

Damit wir anschließend gemeinsam Gestaltungsbeispiele mit historischen und modernen Rosen durchspielen können, stelle ich Ihnen meine derzeitige Auswahl an Modernen nach Farben und Wuchshöhe (beginnend mit den höheren Sorten) sortiert vor.

Moderne Rosenzüchtungen bedeutender Züchter

Bei einer modernen Rose setze ich voraus: wiederholte Blüte und Gesundheit. Dies wird bei den nachfolgenden Beschreibungen nicht ständig wiederholt. Anmerken werde ich nur, wenn eine Rose diese Kriterien noch übertrifft, also in der Vegetationsperiode praktisch nie ohne Blüten ist oder ganz besondere Merkmale in bezug auf ihre Gesundheit oder Winterhärte hat. Der guten Ordnung halber weise ich darauf hin, daß alle hier genannten Rosen einen Sortenschutz® haben, d. h. nicht für kommerzielle Zwecke vermehrt werden dürfen.

Weiße Rosen

Beginnen wir mit den weißen Rosen und staffeln nach Wuchshöhe:

Weiße Rosen sind für einen „weißen Garten" unverzichtbar, denn wie kaum eine andere blühende Staude oder ein Gehölz bringen die verschiedenen Rosen-Sorten die ganze Saison hindurch die weiße Grundfarbe. Doch so sehr sich die Züchter bemühen: In einer kalten oder regenreichen Periode kann auch die weißeste Rose einen Schimmer Rosé oder Amber zeigen. Dies liegt in der Art der Rose und muß hingenommen werden. Sind Sie nicht bereit, dieses Farbenspiel zu akzeptieren, müssen Sie auf weiße Rosen verzichten. Nichts ist für mich deprimierender als Menschen, die eine Rose aus einem weißen Beet entfernen, weil diese nach einer Woche Dauerregen einen rosa Schimmer hat und das unbefleckte Weiß ihres Beetes stört.

Bei einem Garten mit Rosenbeeten in verschiedenen Farbrichtungen bringt eine weiße Rose ein neutrales Farbelement. Ich benutze sie gerne zur Abtrennung von rosa-, gelb- und apricotfarbenen und roten Rosenbeeten.

Blanche Colombe (Delbard 1988)

Ich habe bisher noch keine unkomplizierte, duftende, wiederholt blühende rein weiße Kletterrose gefunden, die bei Regen nicht leidet. Abgesehen vom Duft erfüllt 'Blanche Colombe' alle anderen Kriterien. Die Blüten sind groß, haben zunächst eine edle Knospe und blühen anschließend voll und dicht gefüllt auf. Die Rose wird bis zu 3 m hoch und sollte an einem Spalier oder in einem Obelisken gezogen werden.

Clos Fleuri Blanc (Delbard 1982)

Sie hat viele Stacheln und trägt schöne, gefüllte weiße Blüten, die leicht duften. Wenn es stark regnet, erscheint in den Blüten ein rosa Schimmer. Es handelt sich hier um eine sehr wuchskräftige, unempfindliche Sorte, die auch im Halbschatten oder in der Nähe von anderen Gehölzen ohne viel Mühe (Schnitt und Düngung) gedeiht. Sie wird etwa 120 cm hoch, ohne entsprechenden Rückschnitt auch höher.

Grand Nord (Delbard 1966)

Ich empfehle diese Rose für einen ausgesuchten Standort, an dem sie ihre ganze Eleganz und ihren Duft voll zur Entfaltung bringen kann. Mit 120 cm wird auch sie ziemlich hoch, und die Blüten leiden nicht unter Regen. Die einzelnen Blüten stehen meistens solitär. Sie ist nebenbei hervorragend als Schnittrose geeignet.

White Meidiland (Meilland/Strobel 1985)

Eigentlich ist diese Rose durch ihre Eigenart, mit bogig wachsenden Trieben eher breit als hoch zu werden, ein Bodendecker. Doch kann sie genauso gut als Strauch gezogen werden, wobei sie eine

Wenn Anfang Juli die letzten verblühten Dolden von 'White Meidiland' abgeschnitten werden, öffnen sich bereits die nächsten weißen Blüten aus neu gebildeten Knospen.

Als diese Fotos von 'White Gold' (links) und 'Great North Eastern Rose' im Feld in England entstanden, hatte es zuvor wochenlang geregnet. Die weißen Blüten zeigten sich völlig unbeeindruckt.

Höhe und Breite von 80 bis 120 cm erreicht. Ihre Blüten werden in Dolden getragen und duften leicht. Ihre Gesundheit und Blühwilligkeit sind überdurchschnittlich. Sie erträgt es auch, in halbschattigen Lagen zu wachsen und unter Bedingungen, z. B. in der Nähe anderer Gehölze, die anderen Rosen Probleme bereiten. In meinen Augen ist sie eine der zähesten, schönsten weißen Rosen.

White Gold (Harkness 1998)

Wenn es nicht stört, daß diese Sorte bei Regen leicht rosa wird, ohne jedoch braun und häßlich zu sein, und sich in das Weiß eine Spur von Amber mischt, dürfen wir auch sie zu den weißen Rosen zählen. Die Blütendolden sind groß, die einzelnen Blüten dicht gefüllt mit gedrehter Mitte, wie dies bei vielen historischen Sorten der Fall ist. Der Strauch selbst wächst kräftig, der Duft ist rosig und stark. Sie wird etwa 1 m hoch und 80 cm breit.

Great North Eastern Rose (Harkness 2000)

Sie erfüllt die Kriterien der weißen Rose fast 100prozentig, nur im Zentrum ist manchmal, je nach Wetterlage, ein rosa Schimmer vorhanden. Ansonsten paßt alles: starker Duft, große Blütenfülle. Die Blüten werden in großen Dolden gebildet. Die Rose wird 1 m hoch und bleibt mit 60 cm Breite ziemlich schlank.

Margaret Merril (Harkness 1978)

Sie wird oft mit der Rose 'Schneewittchen' verglichen, mit der sie in bezug auf Blüten, Gesundheit und Blühfreudigkeit auch Ähnlichkeit hat. Allerdings duften die locker gefüllten Blüten von 'Margaret Merril' stark. Sie wird etwa 90 cm hoch und 75 cm breit.

Princess of Wales (Harkness 1997)

So richtig in Mode kam diese Sorte erst nach dem Tod der Prinzessin, mich hat sie schon ein Jahr zuvor im Feld bei Bentley-West begeistert: Mein Besuch in England fand Anfang Juli statt, als die meisten Rosen ihre Hauptblüte bereits überschritten hatten. Die Parzelle mit 'Princess of Wales' war zu diesem Zeitpunkt noch voll in Blüte, und obwohl es einige Tage zuvor ausgiebig geregnet hatte, waren die Blüten unversehrt. Ich habe damals gleich eine große Menge für die kommende Saison geordert. Kurz darauf starb Lady Di. Bentley-West hätte diese Rose tausendmal zu Fantasiepreisen an andere Kunden, vor allem im eigenen Lande, verkaufen können, hielt sich jedoch als honoriger Engländer an unsere Abmachung. Sie wird etwa 80 cm hoch und besitzt einen zarten Duft.

Bordure Blanche (Delbard 1981)

Wie schon ihr Name sagt, ist sie mit einer Höhe von 50 cm eigentlich eine Bordüren-Rose und für die Umrandung eines Rosenbeets bestimmt. Sehr gut geeignet ist sie außerdem für Lagen, an denen eine niedrige Wuchshöhe gewünscht wird, oder auch für Töpfe. Diese Sorte ist sehr unempfindlich und blühwillig. Die Blüten sind gefüllt und haben manchmal einen rosé Schimmer. Durch eine mir sehr lieb gewordene Kundin auf Formentera, dieser extremen Insel im Mittelmeer ohne eigenes

Links: 'Bordure Blanche' zählt zu den unempfindlichen Rosen für Beeteinfassungen. Das zarte Rosa, welches den Rand der Knospen ziert, verschwindet beim Aufblühen.
Rechts: Aus den edlen, gerollten Knospen von 'Margaret Merril' bilden sich duftende, mittelgroße, locker gefüllte Blüten, die ihre bräunlichen Staubgefäße zeigen.

Grundwasser, weiß ich, daß sie auch für extreme Lagen geeignet ist – ungewöhnlich für eine weiße oder pastellfarbige Rose.

Nach der ersten Blüte von 'Ghislaine de Féligonde' Ende Juni müssen die abgeblühten Dolden abgeschnitten werden, um die Nachblüte anzuregen. Im Falle eines Trauer-Hochstammes kann dies mit einer (scharfen, sauber schneidenden) Heckenschere erfolgen, wenn die Rose als Rankrose gezogen wird, mit einer Baumschere. Unterbleibt der Rückschnitt, fällt die Nachblüte eher spärlich aus.

Rosen in Apricot/Rosé-, Orange- und Bronzetönen

Diese Rosen bilden, farblich gesehen, ein Bindeglied zwischen rosafarbenen und gelben Sorten.

Ghislaine de Féligonde (Turbat 1916)

Sie zählt zu der Gruppe der Rankrosen und ist insofern etwas Besonderes, als sie wiederholt blüht. Die kleinen, zart duftenden, locker gefüllten Blüten werden in Dolden gebildet, und auch ihre orange-gelbe Farbe ist für eine Rankrose ungewöhnlich. Wie wir zuvor erfahren haben, werden Rankrosen normalerweise sehr hoch. Die Eigenart, wiederholt zu blühen, geht hier zu Lasten der Wuchshöhe. Ihre Triebe werden nur etwa 3 m lang. Ich zähle sie dennoch zu den Rankrosen, weil ihre Triebe sich leicht in Form bringen lassen, so wie dies bei den Rankrosen beschrieben wurde.

Penny Lane (Harkness 1998)

Sie blüht mit einer Farbe, die ich als Champagner bezeichne. Das Blüten-Innere bildet eine schöne Rosettenform, die großen, duftenden Blüten werden in Dolden gebildet. Das dunkelgrüne Laub ist widerstandsfähig. Diese Kletterrose wird bis 3,50 m hoch.

Papi Delbard (Delbard 1989)

Es hat sicherlich einen guten Grund, daß der Gründer des Hauses Delbard gerade dieser Rose seinen Namen gegeben hat und daß sie, in liebevoller Erinnerung an seine Passion für Rosen, heute noch so genannt wird. Die Blüten sind groß und rund und zeigen die gedrehte Mitte historischer Sorten. Sie ist zunächst orange und vermischt sich anschließend mit Gelb und Rosé, je

nach Standort. Das Laub ist sehr gesund. Diese Rose verströmt einen süßen Duft, ihre Höhe beträgt 2,50 m. Pflanzen Sie sie auf keinen Fall an eine weiße Südwestwand mit voller Nachmittagssonne. Dieser Fauxpas ist mir selbst passiert neben der Eingangstür zum Privathaus. Die Blüten verwelken dort sehr schnell. An anderen Standorten hält sie ihre Blüten wenigstens 10 Tage lang und ist auch als Schnittrose geeignet, die eine Woche oder länger in der Vase hält. Meistens trägt sie einzeln stehende Blüten, die den Betrachter anschauen.

Parure d'Or (Delbard 1960)

Bei dieser stark duftenden Sorte bewegt sich das Farbenspiel zwischen Rosa, Goldgelb und Ocker. Die großen Blüten sind locker gefüllt, der Blütenrand ist rot umsäumt. Diese Rose erreicht eine Höhe von 2,50 m. Sie hat ein sehr gesundes Laub.

Ginger Syllabub (Harkness 2000)

Ihre Blüten erinnern an manche historische Teerose, wie z. B. 'Sombreuil'. Sie blühen flach auf und zeigen unzählige Blütenblätter. Die Farbe ist ein Gemisch von Vanille/Amber/zart Apricot und hellt beim Aufblühen etwas auf. Meistens werden die Blüten in Dolden getragen. 'Ginger Syllabub' wird 2,50 bis 3,50 m hoch.

Stadt Hockenheim (Weihrauch 1997)

Ihr Duft ist so stark und angenehm, daß Sie diese Rose unter Umständen zunächst riechen und erst dann sehen, obwohl sie eine Schönheit ist. Sie bildet ihre mittelgroßen Blüten immer in Dolden. Dabei entwickeln sich aus runden, rötlichen Knospen Blüten mit perfekter Rosettenform: Zunächst sind sie cognacfarben, beim Aufblühen werden sie rosé und verblassen cremefarben. Da sich an einer Dolde bis zu 10 Blüten in den verschiedenen Stadien des Aufblühens entwickeln, ist das Farbenspiel durchaus sehenswert. Eine ihrer Eltern ist eine Bodendecker-Rose. Diese wurde „hineingezüchtet", um der Sorte ein widerstandsfähiges Laub und eine Höhe von bis zu 180 cm zu geben. Schneiden Sie die bogig wachsenden Triebe nach der ersten Blüte im Juni auf die Hälfte ihrer Wuchshöhe zurück. Dann bilden sich anschließend sehr viele nachblühende Seitentriebe. Ich bin stolz, daß gerade diese Rose den Namen meiner Heimatstadt Hockenheim trägt.

Reizvoll ist der rötliche Rand, der die großen Blüten von 'Parure d'Or' ziert. Diese Sorte ist sehr gesund und für fast alle Lagen (außer Schatten) geeignet.

Mitsouko (Delbard 1962)

In einem Restaurant bei Malicorne (Firmensitz von Delbard), wohin wir von Delbard zum Abendessen eingeladen wurden, lernte ich 'Mitsouko' kulinarisch kennen. Uns wurde zuvor schon angekündigt, daß der Sterne-Koch gerne ausgefallene Gerichte mit Blüten und Kräutern anbietet und regelmäßig wegen ihres guten Aromas mit Delbard-Rosen kocht. Nun weiß ich natürlich, daß in den Feldern stehende Rosen, die in der nächsten Saison in den Verkauf gehen, zumindest einmal gegen Krankheiten gespritzt werden. Deshalb war ich von der Idee, solche Rosen als Delikatesse vor-

Im Jahre 1998 wurde 'Penny Lane' in England als erste Kletterrose zur „Rose des Jahres" gewählt. Je weiter sich die Blüten öffnen, desto schöner wird diese Sorte.

Wir legten Blüten von 'Papi Delbard' nicht nur wegen des interessanten Farbkontrastes auf Walderdbeeren und Kirschen, sondern auch um im Vergleich die auffallende Größe der Blüten zu zeigen.

Werden von 'Yellow Floorshow' mehrere Pflanzen mit einem Abstand von 40 cm zueinander gepflanzt, bildet sich ein duftender Blüten-Teppich, der bis zum ersten Frost Rosen trägt.

Marjorie Marshall (Harkness 1996)

Die Blütenfülle bis zum Spätherbst ist bemerkenswert. Die Farbe ist ein zum Rand hin aufhellendes Apricot, manche Dolden tragen mehr als 10 mittelgroße Blüten. Der starke Duft hat eine fruchtige Komponente. Der Strauch wird 120 cm hoch und fast ebenso breit. Eine kräftig wachsende, robuste Rose.

Amber Abundance (Harkness 2000)

Zur Entfaltung des starken Dufts sind die inneren Blütenblätter in Rosettenform angeordnet, wie wir dies bei historischen Sorten finden. Die Rose ist weder gelb noch apricot, ich nenne sie pastellamber. Der warme Rosenduft spiegelt diese Farbe perfekt wider. Das Laub ist glänzend und dunkelgrün. Sie wird 90 cm hoch und 60 cm breit.

Yellow Floorshow (Harkness 1999)

Erst vor einigen Jahren gelang es dem Züchter Harkness, duftende Bodendecker-Rosen zu züchten. Dies ist eine hervorragende Leistung! Bodendecker-Rosen sind mit ihren Trieben naturgemäß nicht weit vom Boden entfernt. Im Boden lauern immer Pilzsporen, die sich mit dem Regen an die Blätter schleudern lassen und sich unter günstigen Bedingungen dort rasend schnell vermehren. Deshalb wird bei der Zucht von Bodendeckern vor allem darauf geachtet, daß solche Rosen widerstandsfähiges, stark glänzendes, möglichst dickes Laub besitzen. Normalerweise bedingt das Gen zum Duft automatisch eine Reduzierung der Widerstandskraft der Blätter. Dennoch gelangen Harkness solche Neuzüchtungen, der Grund für meine zuvor ausgesprochene Anerkennung. Die Blüten von 'Yellow Floorshow' sind locker gefüllt,

gesetzt zu bekommen, nicht angetan. Ich wurde eines Besseren belehrt: Delbard hält von vielen Sorten, die bereits verkauft werden, über Jahre hinweg Versuchsfelder, in denen nicht gespritzt und nur einmal im Frühjahr hauptsächlich mit verrottetem Mist gedüngt wird. Das Unkraut wird durch Roden zurückgehalten. Der Züchter tut dies, um die Entwicklung solcher Sorten zu beobachten und um eigene Erfahrungswerte zu Rückmeldungen (Ausfallquoten) von Kunden parat zu haben. Aus solchen Feldern stammten die Rosen-Delikatessen, die ich dann auch mit größtem Vergnügen genießen konnte. Kommen wir zurück zu 'Mitsouko': Die gefüllten Blüten sind mittelgroß, innen mimosengelb, nach außen hin immer mehr ins Pastellweiß/Rosé verfärbend. Sie wird max. 70 cm hoch.

mittelgroß, pastellgelb und haben einen zartrosa Rand. Von weitem wirken sie deshalb apricot-farben. Mit Sicherheit ist eine Mutter-Pflanze die *Rosa moschata*, da der Duft und der Wuchs an diese Rose erinnern. Höhe 90 cm, Breite 110 cm.

Tendresse (Delbard 1974)

Das Außergewöhnliche bei dieser Rose sind ihre Gesundheit, die Schönheit der Knospen und Blüten und ihr vorzüglicher, starker Duft. Sie steht aufrecht auf geraden Stielen und ist somit eine perfekt zum Schnitt geeignete Sorte. Ihre Farbe erinnert an Champagner, leicht rosa mit einem Schimmer Amber. Sie wird 80 cm hoch.

Sweet Dream (Fryer 1988)

Sie zählt zu den blühfreudigsten, dabei unkomplizierten und gesunden Rosen. Ab Juni bis zum Frost ist der zierliche Strauch immer mit kleinen, gefüllten, in Dolden stehenden Blüten bedeckt. Rosen von dieser Art sind meistens duftlos, um so erstaunlicher ist der zarte, süße Rosenduft, den 'Sweet Dream' neben allen anderen Vorzügen, wie auch ihre Haltbarkeit in der Vase, umgibt. Sie ist mit einer Höhe von 60 cm vorzüglich für Töpfe geeignet, wirkt aber auch als Bordüre eines Rosenbeets oder solitär in einer Lage mit kleinbleibenden Stauden. 'Sweet Dream' ist seit Jahren ein „Renner" in England und unbestritten der Liebling meiner für den Versand zuständigen Damen. Wenn sie bei uns Ende Oktober aus England eintrifft, sind die Sträucher noch mit Blüten bedeckt und kommen so auch bei unseren Kunden an. Viele rufen an, um sich für diese „Zugabe" zu bedanken.

Gruß an Aachen (Geduldig 1909)

Wir stellen diese Rose im Kapitel der gelb blühenden vor, weil sie nicht rein weiß ist und einige mei-

ner Kundinnen, die einen rein weißen Garten möchten, diese Sorte wieder ausgegraben haben. Sie hat einen Schimmer Amber, in kalten Frühjahren auch ein zartes Rosa, und verblaßt zu Creme/Weiß beim Abblühen. Sie wurde im Jahr 1909 von Geduldig gezüchtet und zählt noch heute mit ihrer schönen, gefüllten Blüte und dem zarten Duft zu den bewährtesten kleinwüchsigen Rosen. Sie wird nur 50 – 60 cm hoch. Pflanzen Sie diese Rose am Rand des Rosenbeets oder in einen Topf. Ich habe beobachtet, daß sie einige Jahre benötigt, um eine üppige Nachblüte im Herbst zu bringen. Hier ist ein wenig Geduld angesagt.

Bordure Nacrée (Delbard 1963)

Unter den Rosen für Beeteinfassungen nimmt sie durch die seltene Farbe, ein Pastell-apricot, eine Sonderstellung ein. Die Blüten sind gefüllt und wachsen in Dolden. 'Bordure Nacrée' duftet nicht und wird 40 cm hoch. Auch sie ist hervorragend zum Pflanzen in Töpfen geeignet.

'Gruß an Aachen' wurde nach der Geburtsstadt des Züchters so benannt. Vor dem Kauf sollten Sie sich vergewissern, daß es sich um die ursprüngliche Sorte handelt, da zwischenzeitlich auch eine mehr rosa blühende Sorte im Handel ist.

Die großen Blüten von 'Perpetually Yours' bieten einen eindrucksvollen Anblick und kontrastieren mit dem dunkelgrünen Laub.

Gelbe Rosen

Rein gelbe Rosen waren Ende des 19. Jahrhunderts eine Rarität und sind heute eine Selbstverständlichkeit. Dennoch gibt es nicht allzu viele, die den Anspruch an Gesundheit, gepaart mit wiederholter Blüte und Duft erfüllen können.

Perpetually Yours (Harkness 1999)

Die Farbe ist ein zartes Gelb, aber zu intensiv, um sie zu den weißblühenden Rosen zu zählen. Ich kann sie mir sehr gut in einem gelben Rosenbeet vorstellen. Die Blüten sind prall gefüllt, mit bis zu 70 Blütenblättern. Trotzdem verkleben sie bei feuchter Witterung nicht. Die Knospen blühen flach auf, die Blüten duften fruchtig und sehr intensiv. Das glänzende Laub bleibt gesund. Die Rose wird 3,50 m hoch.

Dune (Delbard 1987)

Wenn Sie das Parfum kennen, nach welchem diese Sorte benannt wurde, wird klar, daß es sich hierbei um eine wunderbar duftende Kletterrose handelt. Ihr Gelb leuchtet, die großen Blüten kontrastieren auf dunkelgrünem, gesundem Laub. 'Dune' wird 2,50 m hoch.

Graham Thomas (Austin 1983)

Die Triebe werden bis 150 cm lang und können manchmal das Gewicht der großen, gefüllten Blütendolden kaum tragen. Doch sind die großen, gefüllten, stark duftenden Blüten so schön, daß es lohnt, die Triebe mit Strauchhaltern zu stützen. 'Graham Thomas' zählt ohne jeden Zweifel zu den schönsten gelben Rosen, die jemals gezüchtet worden sind. Schneiden Sie nach jeder Blüte etwas kräftiger zurück, nehmen Sie den Trieben dabei

etwa 1/3 der Gesamtlänge, und beachten Sie dabei, daß die kräftigsten Triebe gleich lang bleiben. Düngen Sie nach jeder Blüte. Dann bleibt 'Graham Thomas' eine bis in den Herbst blühende, schöne Rose.

Jardin de l'Essonne (Delbard 2000)

Die großen Blüten sind stark gefüllt, der Duft ist fruchtig und intensiv. Die Farbe ist ein helles Gelb, welches nach außen hin noch weiter aufhellt. Die Rose wird etwa 90 cm hoch.

Souvenir de Marcel Proust (Delbard 1979)

Ihre Blüten zeigen die Becherform historischer Sorten, der Duft ist intensiv, etwas herb und zur Farbe Gelb passend. Die Blätter sind dunkelgrün und widerstandsfähig, die Triebe stark und aufrecht wachsend. Sie tragen die Blütendolden ohne Mühe. 'Souvenir de Marcel Proust' ist eine kompakt wachsende Rose und wird 80 cm hoch.

Um zu vermeiden, daß die Triebe von 'Graham Thomas' zu hoch werden und das Gewicht der großen Blüten nicht mehr tragen können, kürzen Sie diese nach der ersten Blüte um etwa ein Drittel der gesamten Trieblänge. Der ganze Strauch sollte danach eine runde Form haben.

'L. D. Braithwaite' bildet einen Strauch mit einem buschigen Wuchs. Durch ihren Duft und die wiederholte Blüte zählt sie zu den besten roten, von Austin gezüchteten Rosen.

Rote Rosen

Rote, duftende Rosen haben Symbolcharakter und eine Signalwirkung wie kaum eine andere Blüte auf der Welt. Es gab schon zahllose Anrufe männlicher Kunden, die sich ausdrücklich solche Sorten gewünscht haben, und schon viele Ehemänner, die sich erkundigt haben, ob ihre Frauen auch eine rote, duftende Rose bestellt haben. Wenn dies nicht der Fall war, kam stets eine solche noch hinzu – auch mit der Aussicht, dafür einen passenden Topf besorgen zu müssen, da ihre Farbe nicht zu den restlichen Rosen paßte .

Neben der intensiven Farbe, die eine rotblühende Rose in Ihren Garten bringen wird, hat sie den Vorteil, viel Sonne zu vertragen. Wo andere, eher pastellfarbene Blüten verbrennen, sind rote Blüten zäher. Dies mag an den Farbpigmenten liegen. Ich gebe hier Erfahrungen von Züchtern, eigene und die meiner Kunden wieder. Aber auch hier gilt: Ein Standort vor einer weißen Wand in der größten Hitze verbrennt die Blütenblätter und die zarten neuen Triebe.

Salammbo (Delbard 1985)

Ich suchte jahrelang, bis ich ein winterhartes Gegenstück zur Kletterrose 'Guinée' gefunden habe. 'Salammbo' erreicht nicht die Duft-Intensität und die Wuchshöhe von 'Guinée', aber ihre Blüten sind beinahe ebenso groß, und ihre Farbe ist fast genauso dunkel. Setze ich aber Gesundheit und Widerstandsfähigkeit dagegen, sind sie beide in meinen Augen ebenbürtig. 'Salammbo' wird etwa 3,50 m hoch.

L. D. Braithwaite (Austin 1988)

Auch wenn diese Rose, wie viele Sorten dieses Züchters, nach der Hitze im August die meisten Blätter abwirft, bringt sie dennoch die schönsten roten Blüten hervor. Sie sind groß, stark gefüllt, mit gedrehter Mitte und duften warm und intensiv nach Rose. Wenn diese Sorte nach der Blüte leicht zurückgeschnitten (dabei alle dicken Triebe gleich lang belassen!) und gedüngt wird, reduziert sich das Risiko der blattlosen Triebe erheblich. Sie wird etwa 1 m hoch.

Rote Rosen zu züchten ist nicht einfach. Um so bemerkenswerter ist eine Sorte wie 'Duftfestival', die Gesundheit mit Schönheit, wiederholter Blüte und Duft vereint.

Le Rouge et le Noir (Delbard 1967)

Die Außenseiten der Blütenblätter sind von dunkelstem Rot, die Innenseiten etwa so rot wie eine reife Kirsche. Die mittelgroßen, stark gefüllten Blüten stehen meistens in Dolden. Die Knospen sind zunächst edel wie bei einer Teerose, anschließend blühen sie so voll auf wie eine historische Sorte. Der Duft ist rosig und warm und paßt zur Blüte. Ich habe schon kurz vor Weihnachten noch die letzten dieser Sorte bewundert. Der Strauch wird 90 cm hoch und etwa 60 cm breit.

Duftfestival (Meilland/Strobel 2000)

Mit einer Höhe von 50 cm bleibt sie klein und ist somit für die Pflanzung im Vordergrund eines Beets oder im Topf sehr gut geeignet. Die Blüten erinnern an historische Sorten, sie sind stark gefüllt und zeigen die innere Rosette, die für die Entfaltung des Dufts wichtig ist. Sie hält ihre Farbe bis zum Abblühen. Ich schneide gerne die Blüten und trockne sie, mit den Köpfen nach unten. Zwar reduziert sich die Größe, die Blütenform und die Farbe bleiben jedoch erhalten.

Alles an 'Times Past' erinnert an historische Rosen, ihre Blüten und auch der feine Duft.

Rosa blühende Rosen

Rosa ist auch der botanische Name der Rose, denn die ersten in alten Schriften erwähnten Rosen waren rosa. Somit finden wir hier die meisten Sorten. Ich wiederhole hier nochmals, warum wir an dieser Stelle nicht Hunderte, sondern nur einige wenige vorstellen: Sie müssen Charme besitzen und ihr Züchter oder „Vermehrer" muß ein zuverlässiger, ernstzunehmender, ehrlicher Geschäftspartner sein. Nur so klappt es mit der Zusammenarbeit zwischen den Rosenspezialisten auf der einen und dem Rosenliebhaber und Hobbygärtner auf der anderen Seite.

Times Past (Harkness 2001)

Die großen, dicht gefüllten, stark duftenden Blüten erinnern an alte Teerosen-Sorten. Sie blühen flach auf. Das Laub ist glänzend, dunkelgrün und bleibt gesund. Das Rosa der Blüten hellt zum Rand etwas auf, ohne farblos zu erscheinen. Diese hervorragende, stark duftende Züchtung hat mich von Anfang an bezaubert. Sie wird 3,50 m hoch. Ich lernte 'Times Past' 2001 beim Züchter Robert Harkness in England kennen. Er nahm mich mit in seine Felder mit Neuzüchtungen und bereits auf dem Markt vertriebenen Sorten. In einem solchen Feld haben Kletterrosen keine Gerüste, sondern müssen auf ihren langen Trieben Wind und Wetter trotzen. 'Times Past' war einfach wundervoll, hier harmonierte alles. Erst im Nachhinein wurde mir die Bedeutung ihres Namens bewußt – Times Past bedeutet vergangene Zeiten oder Epochen. Wahrscheinlich hat mich diese Rose so in ihren Bann gezogen, weil sie den Charme und den Liebreiz der historischen Sorten wiedergibt.

Nahéma (Delbard 1991)

Als ich den Züchter Delbard in Malicorne, am Rand des Zentralmassivs, zum ersten Mal besuchte, fiel mir eine Kletterrose auf, die ich spontan als 'Constance Spry' bezeichnet hätte. Allerdings paßte Mitte Juli nicht zur Blühzeit dieser Rose, die zu diesem Zeitpunkt bereits Hagebutten ansetzt und sicherlich nicht mehr blüht. Bei näherem Begutachten stellte ich fest, daß die Blüten einen intensiven Rosenduft verströmen und nicht, wie 'Constance Spry', zitrusähnlich und nach Myrrhe. Die Größe der Blüten und das gesunde Laub waren dagegen gleich. Sehr ähnlich waren auch Blü-

Es fällt nicht schwer, sich 'Nahéma' in einem Brautstrauß vorzustellen. Ihr Duft setzt sich aus Rosenduft und fruchtigen Noten zusammen, wie das Parfum von Guerlain, nach welchem sie benannt wurde.

tenform und Gesundheit der Blätter. Wie oft hatte ich von Kunden schon gehört, daß sie sich eine wiederholt blühende 'Constance Spry' wünschten. In Malicorne habe ich sie gefunden. 'Nahéma' als wiederholt blühende Rose kann die ungezügelte Blütenfülle von 'Constance Spry' im Juni natürlich nicht erreichen, dafür trägt sie ihre bezaubernden Blüten aber bis in den Spätherbst hinein. Sie erreicht eine Höhe von 2,50 bis 3 m. Ihre Blüten sind – nebenbei gesagt – lange als Schnittrose haltbar. Delbard verriet mir, daß einige wenige Top-Floristen 'Nahéma' für Braut- und Taufsträuße ordern und der Bedarf die Lieferkapazität bei weitem übersteigt.

New Dawn (van Fleet 1930)

Wenn sich eine in den 30er Jahren gezüchtete Rose bis heute großer Beliebtheit erfreuen kann, ist sie es wert, im Reigen unserer Rosen einen Platz zu erhalten. Zwar duften ihre Blüten nicht besonders intensiv, aber ein leichter, zarter Rosenduft ist wahrzunehmen. Die gefüllten Blüten sind pastell-rosé, das Laub ist glänzend und so gesund, wie wir dies von modernen Kletterrosen erwarten. 'New Dawn' wächst ungezwungen, das bedeutet, daß sie wie eine kleinwüchsige Rankrose gezogen werden kann. Sie wurde im Jahr 1930 eingeführt und wird etwa 3 m hoch.

Bei 'Miss Dior' darf von einer dauerblühenden Rose gesprochen werden, da sie beinahe übergangslos verblühte Blütendolden durch neue Knospen ersetzt.

'New Dawn' beeindruckt durch Blütenfülle und Gesundheit. Auch ein halbschattiger Platz ist ihr willkommen.

Die Blüten von 'Baroque Floorshow' haben einen Durchmesser von bis zu 8 cm und sind verhältnismäßig groß für eine Bodendecker-Rose.

Rose Celeste (Delbard 1970)

Sie steht mit Sicherheit in direkter Konkurrenz zu 'New Dawn'. Ihre Blüten sind etwas größer und haben dieselbe zart rosa Farbe und einen guten Rosenduft. Die Blühwilligkeit übertrifft die von 'New Dawn'. Auch das Laub von 'Rose Celeste' bleibt gesund, sie wächst ein wenig aufrechter und mächtiger als 'New Dawn' und wird etwa 3 m hoch.

Campanile (Delbard 1957)

Ihre Farbe ist ein dunkles Rosa, die großen, stark gefüllten Blüten verströmen einen angenehmen Rosenduft. Die Blüten werden in Dolden getragen und haben jede für sich einen Durchmesser von etwa 8 – 10 cm. 'Campanile' wird bis zu 2,50 m hoch.

Perle d'Amour (Weihrauch 1995)

Eine Elternpflanze dieser Rose ist die Bourbon-Rose 'Souvenir de la Malmaison'. Die Tochter hat die zarte Blütenfarbe und die Form der Blüten übernommen. Im Vergleich ist ihr Duft sehr zurückhaltend, dafür hat 'Perle d'Amour' aber den großen Vorteil, bei Regen nicht allzu sehr zu leiden. Es erscheinen höchstens ein paar kleine dunkelrote Punkte auf den äußeren Blütenblättern. Die Blätter sind glänzend und gesund, die Triebe erreichen eine Länge von 150 cm. Wird sie nicht zurückgeschnitten, kann sie auch als Kletterrose bis zu einer Höhe von 2,50 m gezogen werden. Am schönsten finde ich bei 'Perle d'Amour', daß die Blüten am Strauch lange halten und auch in der Vase mehr als eine Woche lang schön bleiben und daß sie im Herbst bis zum Frost blüht, teilweise bis Weihnachten.

Comtesse de Ségur (Delbard 1983)

Von vielen Kunden aus allen Gegenden Deutschlands weiß ich, daß diese Rose neben den schönen, duftenden Blüten auch eine bemerkenswerte Gesundheit besitzt. Sie trägt mit kleinen Pausen stark gefüllte, duftende, mittelgroße Blüten in lockeren Dolden von Juni bis zum Frost. Ihre nostalgische Blütenform, der Duft, der Wuchs – dies alles vereint 'Comtesse de Ségur' in vollendeter Harmonie. Sie wird etwa 1 m hoch.

Clos Fleuri Rose (Delbard 1985)

Wir haben bei den historischen Sorten die Alba-Rosen und ihre große Widerstands- und Wuchskraft kennengelernt. Solche Rosen zu züchten, die ohne viel Pflege und Aufwand gesund bleiben, ist auch ein Steckenpferd von Züchter Delbard. Alle Rosen, deren Namen mit 'Clos fleuri' beginnen, sind von dieser Art. Ihre Wuchskraft ist bemerkenswert. Die schönen rosafarbenen Blüten duften kaum. Die Triebe sind so stachelig, daß wir solche Sorten für Stellen empfehlen, wo diese Rose den Durchgang erschweren soll. Höhe 90 cm oder höher, falls nicht zurückgeschnitten und gut gedüngt wird.

Miss Dior (Harkness 1998)

Es scheint, als ob diese Sorte den historischen Centifolien (zu deutsch Hundertblättrige) Konkurrenz machen wollte. Bis zu 40 Blütenblätter zählen wir bei den dicht gefüllten und – selbstverständlich – nicht verklebenden Blüten, die in Dolden wachsen, zudem duften und uns über die ganze Saison erfreuen. Der Strauch wächst kompakt und wird 120 cm hoch und 70 cm breit.

Baroque Floorshow (Harkness 1997)

Sie zählt zu den neu gezüchteten, duftenden Bodendecker-Rosen. Die Blätter sind gesund, die Triebe wachsen bogenförmig und sind länger als hoch. Die locker gefüllten Blüten sind mittelgroß und duften nach *Rosa moschata*. Die Rose wird 80 cm hoch mit etwa 1 m langen Trieben.

Grand Siècle (Delbard 1968)

Sie trägt eine der größten Blüten, die eine Rose hervorbringen kann. Im Herbst hatten wir schon Blüten mit einem Durchmesser von 15 cm, dabei haben sie eine schöne runde Form. Ihr Duft ist Rose pur. Mich erinnern die Blüten stark an von Rubens gemalte Rosen: Üppig, verschwenderisch, anziehend. 'Grand Siècle' wird etwa 1 m hoch und blüht bis zum ersten Frost.

'Comtesse de Ségur' wurde als Rose des Gartens von Château de Fleurville gekürt. Sie wurde schon mehrfach prämiert.

Avalanche Rose (Delbard 1994)

Bei dieser Züchtung wollte Delbard eine Sorte auf den Markt bringen, die einem Vergleich mit den unempfindlichsten Rosen der Welt standhält. Wenn er dann bei der Beschreibung der Rose sagt, daß sie für alle Böden und alle klimatischen Verhältnisse geeignet sei, ist dies eine bemerkenswerte Aussage. Ich habe diese Züchtung das erste Mal bei Delbard im Feld gesehen. Auffallend war, daß sie mehr Blüten als Laub hatte, und obwohl die Blütenrispen noch nicht abgeblüht waren, bereits die nächsten gebildet wurden. Sie ist in der Tat sehr widerstandsfähig, im Feld sah ich kein einzi-

Der silberne Champagner-Kübel unterstreicht noch die edle Schönheit von 'Madame Figaro'.

ges krankes Blatt. Mit einer Höhe von 70 – 80 cm und ihrer Art, die leicht gefüllten, mittelgroßen Blüten in Rispenform, d. h. eher hintereinander, zu bilden, kann ich sie mir sehr gut als Begrenzung eines Rosenbeets oder für die Bepflanzung von Töpfen oder Trögen vorstellen.

Madame Figaro (Delbard 1999)

Die Blütenfarbe erinnert in ihrer Zartheit an 'Souvenir de la Malmaison'. Der Duft ist rosig und intensiv, erreicht aber nicht die Intensität der historischen Sorte. Dafür verkleben ihre Knospen nicht, die Rose bleibt gesund und trägt ihre Blüten bis zum Frost. Eine gelungene neue Züchtung! Mit einer Höhe von 70 cm ist sie sehr gut für den Vordergrund eines Rosenbeets geeignet oder um als Topf-Rose gehalten zu werden.

Die Taufe dieser Rose Ende April im Jahre 1999 in Paris war ein Spektakel. Getauft werden sollte im „Jardin" des Palais Royal mitten in Paris, im ehemaligen Regierungspalast französischer Könige. Die Einladung selbst war schon sehenswert: Von der Zeitschrift „Madame Figaro" wurde auf Pergament in Goldschrift eingeladen. Das Palais besteht aus vier rechteckig angeordneten prächtigen Gebäuden mit großem, offenem Innenareal. Der Eingang wird durch schmiedeeiserne Gitter von der Straße abgetrennt. Auf dem dahinter liegenden, mit Platten bedeckten Platz bereits die erste Augenweide: runde Brunnen mit nicht sehr hoher Brüstung, auf denen große silberfarbene Kugeln und Rosenblüten schwammen. Dazwischen, etwas erhöht, Musiker in historischen Kostümen. Sie spielten Mozart und andere klassische Musik. Am Rande, quasi als Abtrennung zum eigentlichen Garten, waren lange, schmale Glastische auf Glasfüßen aufgebaut. Alles, was auf diesen Tischen dargeboten war, schien zu schweben: hohe Glasvasen mit großen Bouquets von Pfingstrosen, große Glasteller, üppigst gefüllt mit den schönsten Früchten und Gemüsen: Walderdbeeren in Kombination mit roten Rüben, Kirschen mit Lauch, Südfrüchte mit Melonen. Die Üppigkeit erinnerte an die des französischen Hofes in seinen Glanzzeiten. Den eigentlichen, von diesem Areal wiederum durch Eisengitter abgetrennten Garten stellen Sie sich so vor: In U-Form und an den Gebäuden entlang führt ein breiter Laubengang, welcher durch perfekt in Form geschnittene Laubbäume gebildet wird. In der Mitte ist Rasen. Entlang den Laubengängen standen Tontöpfe mit Meersand, in welche Kerzen gestellt waren. Etwa alle 10 m formten diese Lichter einen Kreis, in dem ein Musiker spielte. Ganz alleine, in höfischem Kostüm und virtuos. Die erste Musikerin spielte die Harfe, der nächste Musiker die Geige,

der übernächste Klarinette und so weiter. Die Abstände zwischen ihnen waren so gewählt, daß die Musik des einen gerade abklang, wenn die nächste zu hören war. Zur Taufe selbst sprach die Patin, in diesem Falle die Chefredakteurin der Zeitschrift „Madame Figaro". Die Taufe fand anläßlich des 20. Geburtstages der Zeitschrift statt. Nach der Rede erschienen 20 als Lakaien verkleidete junge Herren, jeder trug eine Torte mit einer Taufkerze. Die zu taufende Rose war tausendfach auf einen riesigen Ball gesteckt. Nachdem das Publikum die Taufe ordnungsgemäß beklatscht und damit akzeptiert hatte, erhielt jeder Gast ein Stück des Kuchens und eine dieser Rosen als Erinnerung. Nicht verschweigen sollte ich, daß wir während der ganzen Veranstaltung mit Champagner und kleinen Delikatessen aus allen Erdteilen verwöhnt wurden. Bemerkenswert war auch das optische Schauspiel zum Zeitpunkt der Taufe: Mit Laser wurde das Schloß „verkleidet".

'Constance Finn' läßt keine (Rosen-)Wünsche offen. Die Unterseiten ihrer Blütenblätter sind etwas intensiver rosa als die Oberseiten.

Constance Finn (Harkness 1997)

Wenn schon der Züchter Harkness behauptet, daß sie eine seine schönsten Rosen ist ... Sie duftet intensiv nach Rose, das Laub ist gesund, die dicht gefüllten Dolden zeigen sich selbst vom englischen Dauerregen unbeeinflußt, was können wir uns mehr wünschen? Sie wird 110 cm hoch und 70 cm breit und bildet einen dichten Strauch, der auch noch im Herbst neben Blüten ein gesundes Laub trägt.

The Compassionate Friends (Harkness 1994)

Die dicht gefüllten, runden Blüten mit den gezackten Blättern und dem würzigen Duft üben auf den Betrachter einen besonderen Reiz aus. Tatsächlich gibt es Rosen, die bereits in ihrer Urform nicht regelmäßig geformte Blütenblätter bilden. Werden solche Rosen konsequent weitergezüchtet, ergeben sich zauberhafte Blüten wie bei dieser. Gelang es dem Züchter, wie in diesem Falle, auch noch eine gesunde, sich über die Jahre bewährende Sorte kreiert zu haben, ist der Erfolg gewiß. Mit 60 cm Höhe und derselben Breite ist sie eine perfekte Topf-Rose. Natürlich ist sie im Vordergrund eines Rosenbeets ebenfalls ein Blickfang.

Malvenfarbig blühende Rosen

Schon bei den historischen Sorten finden wir solche Farben wie z. B. bei der Moosrose 'William Lobb', der Portland-Damascener 'Rose de Resht', der Rugosa 'Roseraie de l'Hay' oder den Rankrosen 'Bleu Magenta' oder 'Veilchenblau'. Ich kombiniere sie gerne als kontrastierende Farbpunkte mit rosafarbenen und/oder weißen Rosen.

Chartreuse de Parme (Delbard 1991)

Die großen, stark gefüllten Blüten verströmen einen warmen, intensiven Rosenduft, der perfekt mit der Farbe harmoniert. Die Blüten werden in Dolden gebildet, der gesunde Strauch wächst kräftig, aufrecht und kompakt und wird 90 cm hoch. Für ihren Duft erhielt 'Chartreuse de Parme' Preise bei Ausstellungen in Paris, Genf und Madrid.

Mamy Blue (Delbard 1981)

Auch hier ist der Duft stark und warm, nach Gewürzen und Honig. Die Knospen sind zunächst edel geformt, die großen Blüten anschließend voll gefüllt. Da 'Mamy Blue' ihre Blüten überwiegend einzeln bildet, ist sie auch eine hervorragende Schnittrose. Die Höhe beträgt etwa 80 cm.

Souvenir de Louis Amade (Delbard 1990)

Hier sind die großen Blüten locker gefüllt, der Duft ist intensiv und würzig. Bis in den Spätherbst hinein werden immer wieder diese auffallenden Blütendolden erscheinen. Der kompakt wachsende Strauch wird etwa 80 cm hoch.

Spüren Sie beim Betrachten dieses Fotos etwas von der Faszination, die von 'Chartreuse de Parme' ausgeht? Können Sie sich den starken Rosenduft vorstellen? Für diesen Duft erhielt sie den „Prix du Parfum 1996" in Paris-Bagatelle, Genf und Madrid und im Jahr 2000 die Silber-Medaille beim „Millénium de la Rose", ebenfalls in Paris-Bagatelle.

Maler-Rosen (Delbard)

Es gibt viele Rosen, die ihre Farbe vom Knospenstadium bis zum Abblühen verändern. Die Maler-Rosen sind aber völlig anders. Für mich sind sie der Inbegriff des verspielten Züchtens, was natürlich großes Wissen und Erfahrung voraussetzt. Delbard sagt, er habe sich bei einem Besuch in einem Museum in Paris beim Betrachten von Bildern von Impressionisten inspirieren lassen. Sein Ziel war es, Rosen zu züchten, deren Blätter wie mit dem Pinsel gemalt aussehen, kombiniert aus vielen verschiedenen Farben und mit den dazu passenden Düften. Bei einem solchen Strauch werden Sie keine zwei gleichen Blüten finden. Alle Maler-Rosen tragen ihre Blüten in Dolden und blühen bis in den Herbst hinein. Sie sind außerdem gut haltende Schnittrosen, die in der Vase leicht aufhellen.

Camille Pissarro (Delbard 1991)

Die einzelnen Farbtöne Rot, Rosa, Gelb und Weiß sind intensiv und klar voneinander abgetrennt. Die Blüten sind stark gefüllt, das gesunde Laub ist dunkelgrün. 'Camille Pissarro' wird etwa 1 m hoch. Kombinieren Sie sie mit einfarbigen gelben, roten oder weißen Rosen und Stauden.

Claude Monet (Delbard 1992)

Die Flammen von Weiß, Rot, Gelb und Himbeer laufen ineinander über. Besonders reizvoll ist die Himbeerfarbe. Am besten wirkt 'Claude Monet' in Kombination mit gelben Rosen und blau blühenden Stauden. Sie wird etwa 1 m hoch.

Edgar Degas (Delbard 1995)

Diese bezaubernde kleine Maler-Rose wurde im Frühjahr 2002 eingeführt, und zwar zunächst nur auf dem deutschen Markt, als kleines Präsent sozusagen, weil das deutsche Publikum die Rosen von Delbard so schnell ins Herz geschlossen hatte. Die Blüten sind mittelgroß und locker gefüllt mit gelben Staubgefäßen, wachsen in Dolden, haben einen fruchtig unterlegten Rosenduft und zeigen Streifen von Gelb, Rot und Rosa. Da die Rose nur etwa 70 cm hoch wird, ist sie gut für die Pflanzung in Töpfen geeignet oder um als Bordüre den Rand eines Rosenbeets zu schmücken.

Grimaldi (Delbard 1990)

Hier wirken die Farben Pfirsich, Rot und Weiß zusammen. Je nach Jahreszeit und Witterung leuchten sie mehr oder weniger intensiv (siehe Seite 13). Bei dieser Sorte gefällt mir die Kombination mit weißen Rosen und weiß oder blau blühenden Stauden am besten. Sie wird 90 cm hoch.

Henri Matisse (Delbard 1990)

Von der Farbkombination her (weiß, rosa und rot) ist sie die unspektakulärste unter den Maler-Rosen. Ihr Duft nach Himbeere und Rose, ihre Wuchskraft und die Schönheit der Blüten machen sie aber zu einer der interessantesten. Ihre Ausstrahlung ist so groß, daß sie bei Ausstellungen innerhalb kürzester Zeit ausverkauft ist. Hier favorisiere ich eine Kombination mit rosa und weißen Rosen und rosa, weißen und blauen Stauden. 'Henri Matisse' wird wenigstens 1 m hoch.

Von allen Maler-Rosen hat 'Camille Pissarro' die leuchtendsten Farben, bei den anderen Sorten überwiegen Pastell-Töne.

Paul Cézanne (Delbard 1992)

Die Blüten wirken zunächst gelb, danach erscheinen Streifen von Weiß, Orange, Bronze und Rosa. Das Farbenspiel ist intensiv, der Duft sehr frisch und fruchtig. Da sie nur 60 cm hoch wird, ist sie eine für Töpfe geeignete Rose oder sollte im Vordergrund eines Beets gepflanzt werden. Kombinieren Sie mit zart grünen Stauden und höheren gelben Rosen im Hintergrund.

Rose des Cisterciens (Delbard 1992)

Delbard widmete sie einem Zisterzienser-Kloster in Frankreich, dessen Mönche es schon immer verstanden haben, Rosen und Stauden harmonisch zu kombinieren. Die zarten Pastellfarben dieser Sorte (Abb. siehe S. 151), eine Mischung von Gelb, Himbeer und Rosa, passen wunderbar in ein Beet mit pastellfarbenen Rosen und Stauden. Sie ist mit einer Höhe von 120 cm die größte unter den Maler-Rosen.

Das Gelb und das Apricot von 'Paul Cézanne' hellen beim Abblühen auf. Diese Rose wirkt besonders schön in Kombination mit Stauden von ähnlicher Farbe wie hier mit der Hemerocallis 'Red Precious'.

Delbard sagt von 'Henri Matisse', daß diese Rose sein ganzer Stolz ist, weil sie alle den Wert einer Rose ausmachenden Merkmale wie Schönheit der Blüten, Wuchs, Duft und Gesundheit vereint.

Die Magie des Rosen-Duftes

Bei allen historischen Rosen-Familien und der Auswahl von modernen, mit ihnen harmonierenden Sorten habe ich großen Wert auf die Beschreibung des Duftes gelegt. „Eine Rose ohne Duft ist wie eine schöne Frau ohne Geist." Dieser Spruch meines Mannes beschreibt – meiner Meinung nach – genau das, wonach wir alle suchen: Eine Rose soll so duften, wie wir es von ihr erwarten. Eine rote warm und erotisch, eine gelbe fruchtig und eher herb. Kürzlich wurde ein interessanter Test durchgeführt: Eine blinde Testperson roch an verschiedenen Rosen und sollte nach dem Geruch die Farbe bestimmen. Tatsächlich ordnete sie die gelben und orangefarbenen Sorten genauso richtig ein wie die weißen, rosafarbenen und roten. Wie kommt es also, daß eine Rose nicht nur nach Rose pur duftet, wie die *Rosa centifolia?* Es gibt eine Gruppe chemischer Verbindungen, die „Aromate" genannt werden. So wie sich bei der Entstehung von organischem Leben Zellen bilden, gibt es auch chemische Verbindungen, die für unsere Nase einen Duft darstellen. Verankert im Genotyp und abhängig von der Eigenart der Pflanze, kann dies für unsere Nase ein angenehmer oder unangenehmer Duft sein. Jede Pflanzenart produziert somit ein ihr eigenes Duftspektrum. Warum duften dann nicht alle Rosen gleich? Weil jede Rosenfamilie – und wir haben einige sehr unterschiedliche kennengelernt – von ihrer Grundart einen anderen genetischen Code hat, so wie wir Menschen. Auch wir sind alle unterschiedlich.

Wie nehmen wir den Duft wahr?

Unser Gehirn besitzt ein Geruchs-Erinnerungsvermögen genauso wie ein Geschmacks- und optisches Erinnerungsvermögen: So wie die Wellenlänge des Lichtes optische Farberinnerungen hervorruft (Spektralfarben rot, blau, gelb), werden durch Kombinationen von chemischen Grundelementen Geruchserinnerungen gespeichert, die wir neben den elementarsten, zum Beispiel den ersten Kontakten zur Mutter, den Gerüchen im Elternhaus, in der Schule, bei der ersten Liebe des Lebens, uns schmeckenden Speisen, auch Blumen, Früchten und Gewürzen zuordnen. Nehmen wir als Beispiel, wie etwas duftet oder schmeckt, den Wein. Das Riechen und Schmecken des Weines ist ein hochkomplexer Vorgang, für jeden Menschen ein individuelles Erlebnis, aber dennoch definierbar und – wenn Sie Beschreibungen des Sommeliers, in Getränkekarten oder auf den Etiketten von Weinen Glauben schenken wollen – auch reproduzierbar. Der Spruch eines französischen Philosophen bringt es auf den Punkt: Le goût se cultive aussi bien que l'esprit – der Geschmack entwickelt sich genauso wie der Geist.

Ich lernte bei mir im Garten schon Menschen kennen, die bei der stark duftenden Teerose 'Sombreuil' behaupteten, sie riechen kaum etwas. Danach ließ ich sie an 'Maréchal Neil' riechen, der am intensivsten duftenden Teerose überhaupt. Sie blieben dabei, daß sie kaum etwas riechen. Bei den Damaszener-Rosen stellten sie einen guten, herben Duft fest, ebenso einen süßen bei den Centifolien und einen würzigen bei den Moosrosen. Somit mußten meine Besucher in der Vergangenheit schon einmal diese Düfte als Duftspektrum im Gehirn gespeichert haben, kannten aber die herbe Note der Teerosen noch nicht. Ich weiß nicht, ob unser Gehirn in der Lage ist, das ganze Leben über neue Düfte als immerwährende Dufterinnerung einzuspeichern, oder ob diese nur in der Jugend gebildet werden kann. Eines habe ich jedenfalls schon sehr oft von meinen Kunden gehört, die bei mir nach der Beschreibung im Katalog eine Rose bestellt und diese im eigene Garten erstmals „live" erlebt hatten: „Diese Rose riecht nach der Rose, die meine Großmutter im Garten hatte, es sind mir unzählige Erinnerungen zurückgekommen, ich bin dankbar für dieses Erlebnis."

Wenn ein Parfümeur, eine sogenannte „Nase", einen Duft komponiert, geht er üblicherweise vor wie ein Maler: Zunächst steht das Gesamtgebilde im Vordergrund, dann werden die Öle der einzelnen Düfte nach gewünschter Intensität gemischt. Bei einer Rose sind die Düfte und deren Inhaltsstoffe durch die Sorte bereits vorgegeben. Wir finden darin Duftnoten von:

- Zitrusfrüchten wie Bergamotte, Zitrone, Pampelmuse und Orange
- Gewürzdüfte wie Zitronenkraut, Mandel, Zimt, Pfeffer, Vanille und Sternanis
- Blumendüfte wie natürlich die Rose, Hyazinthe, Flieder, Duft-Pelargonie und Veilchen
- Herbe Düfte wie Efeu, Karotte und Gras
- Fruchtige Komponenten wie Apfel, Birne, Aprikose, Pfirsich, Erdbeere, Himbeere, Orange, Mango, Litchi und Ananas
- Holzige Düfte wie Sandelholz, Most, Korken und Flechten
- Balsamische Düfte wie Heu und Honig

Am intensivsten entwickeln Rosen ihren Duft an einem warmen Sonnentag am Vormittag, nachdem die Sonne die Blütenblätter gerade vom Tau getrocknet hat. Sie sollten den Duft einer Rose in etwa so in sich aufnehmen wie den eines guten Weins. Sie riechen an der Rose insgesamt viermal: zunächst das Gesamtgebilde, danach bei einem nochmaligen Schnuppern die Kopfnote, das bedeutet, wonach die Rose zunächst am intensivsten duftet, nach einer kleinen Pause die Herznote, das ist die Phase, bei der Sie die Blumendüfte, die herben und die fruchtigen Düfte, riechen werden, und anschließend, wiederum nach einer Pause, die Grund- oder Fußnoten, die holzigen und balsamischen Düfte. Es gibt nur ganz wenige Rosen, die an sonnenlosen oder regnerischen Tagen oder in der Nacht duften. Und wenn sie es tun, ist es nur ein Hauch ihres tatsächlichen Duftvermögens.

'Rose de Meaux' ist im Original kleiner als auf dem Foto gezeigt, ansonsten würden die Blüten nicht in einen Eiswürfelbehälter und schon gar nicht als Dekoration in die Sektschale hineinpassen.

Historische Rosen in Kombination mit modernen Sorten

Meine Philosophie kann ich am besten darstellen, wenn ich mit Ihnen gemeinsam imaginäre Rosenbeete anlege, wobei wir der Einfachheit halber davon ausgehen, daß die Beete am Rand Ihres Grundstückes liegen, also nicht in der Mitte und auch nicht an der Terrasse oder um einen Teich. Für solche Standorte müssen die Beete anders angelegt werden.

Grundsatz-Regeln zur Anlage eines Rosenbeets

Es gibt einiges, was bei der Anlage eines Rosenbeets beachtet werden muß: Man sollte Rosenbeete möglichst nicht in der Nähe von etablierten Gehölzen, Bäumen und Sträuchern anlegen. Groß werdende Rosen (d. h. Rosen mit einer Höhe von mehr als 1,50 m und einer fast ebensolchen Breite) werden solitär gepflanzt mit einem Pflanzabstand von wenigstens 1 m zur nächsten. Mittelgroß werdende und klein bleibende Sorten wirken am besten, wenn sie in Dreiergruppen mit einem Abstand von 35 bis 40 cm gepflanzt werden. Der Abstand zur nächsten Gruppe beträgt dann wenigstens das Doppelte des zuvor genannten Pflanzabstandes. Denken Sie daran, daß Sie Rosenbeete betreten müssen. Nur die am Rand stehenden Rosen können Sie erreichen, um Blüten zu schneiden oder nach der ersten Blüte die verblühten abzuschneiden und dem Strauch den „Sommer-Formschnitt" zu geben. Sehen Sie deshalb Wege mit Trittplatten vor. Von diesen Wegen müssen die Rosen mit einem Abstand von wenigsten 40 cm gepflanzt werden. Je breiter eine Rose wird, desto mehr Abstand braucht sie zum Weg oder zum Rand des Beetes.

Kombination von Rosen und dazu passenden Stauden

Wenn in Beeten ausschließlich Rosen gepflanzt werden, kommt es zu einer Monokultur mit all ihren Nachteilen: Krankheiten können sich schneller ausbreiten, Schädlinge vermehren sich rasant. Werden Stauden mit Rosen kombiniert, wird die Monokultur durchbrochen, die Wasserrückhaltefähigkeit des Bodens wird erhöht. Rosen mögen die Nachbarschaft von Stauden und gehen mit deren Wurzeln Symbiosen ein. Ungeeignet sind sehr starkwüchsige, wuchernde oder unterirdisch Rhizome bildende Sorten wie Efeu, Veilchen etc. Zu Rosen sollten auch keine einjährigen sommerblühenden Stauden wie Tagetes oder Sommersalvien gepflanzt werden, da diese viel Nahrung abziehen, groß werden und hierdurch das Wachstum von Rosen behindern können. Legen sich Blätter einer Staude über den Trieb einer Rose, kann dieser sich aus Mangel an Licht nicht mehr gut entwickeln. Deshalb wird er von der Rose nicht mehr versorgt, treibt aus den Augen nur zaghaft oder gar nicht mehr aus und stirbt im ungünstigsten Fall ab. Auch unter dem Aspekt, daß ab August manche Rosensorten zwar noch blühen, aber nicht mehr viele Blätter tragen und somit eher nackte Rosen-Stiele zu sehen sind, sollten Stauden zwischen Rosen stehen, die die Stiele verdecken. So gesehen ist die althergebrachte Methode, Rosenbeete mit Buchs zu umsäumen, nicht nur optisch schön, sondern erfüllt auch den zuvor genannten Zweck.

Beginnen wir mit einem Rosenbeet, das nur in den Farben Weiß und Grün gestaltet werden soll:

Rosen

Im Hintergrund:
Maxima
Boule de Neige
Blanc Double de Coubert
Blanchefleur
Clos Fleuri blanc
Madame Hardy
Moonlight
Shropshire Lass

Im Mittelbereich:
Great North Eastern Rose
Grand Nord
Princess of Wales
Rosa richardii

Im Vordergrund:
Little White Pet
Bordure Blanche

Möchten Sie im Beet einen Obelisken oder im Hintergrund ein Rankgestell haben:
Aimée Vibert
Blanche Colombe

Stauden

Kombinieren Sie mit folgenden Stauden. In einer guten Gärtnerei werden Sie diese sicherlich finden. Sollte der Sortenname nicht derselbe sein, beachten Sie die Höhenangabe auf dem Etikett, da, wie gesagt, zu stark wachsende Stauden über die Jahre hinweg die Entwicklung der Rosen stören. Auch sollten die Stauden nicht gemeinsam mit Rosen, sondern ein Jahr später gepflanzt werden.

Stauden für das „weiße Rosenbeet":

Anaphalis triplinervis 'Silberregen'
Silberimmortelle 30 cm B (Blühzeit): 9–10
Artemisia schmidtiana 'Nana'
Edelraute 20 cm B: 6–8
Aster novae-angliae – Rauhblattaster
140 cm B: 9–10
Aster pringlei
Septemberkraut 100 cm B: 9–11
Bergenia 'Silberlicht' – Bergenie 40 cm B: 4–5
Boltonia asteroides – Scheinaster
150 cm B: 9–10
Calamintha nepeta – Bergminze 50 cm B: 6–9
Campanula carpatica – Karpatenglockenblume
20 cm B: 6–8
Delphinium Pacific Hybr. – Rittersporn
150 cm B: 6–9
Erigeron 'Sommerneuschnee' – Feinstrahlaster
60 cm B: 6–8
Filipendula vulgaris 'Plena' – Mädesüß
30 cm B: 6–7
Geranium x *cantabrigiense* 'Biokovo' – Storchenschnabel 25 cm B: 5–7
Gypsophila paniculata – Schleierkraut
100 cm B: 7–8
Heuchera americana – Purpurglöckchen
80 cm B: 5–7
Iberis sempervirens – Schleifenblume
20 cm B: 4–5 + 9–10
Liatris spicata – Prachtscharte 90 cm B: 7–10
Linum perenne – Stauden-Lein 40 cm B: 6–9
Platycodon grandiflorus – Ballonblume
50 cm B: 7–8
Stachys byzantina 'Silver Carpet' – Ziest, graulaubig, 20 cm. Nicht blühend

dazu viele Frühjahrs-Blumenzwiebeln weiß blühender Frühjahrs-Schönheiten wie Krokusse, Hyazinthen, Tulpen etc. Sie lassen sich sehr gut mit Rosen kombinieren.

Im weißen Rosenbeet wird der Hintergrund gebildet mit Rosen wie 'Margaret Merril' und Delphinium-Pacific-Hybriden, der Mittelbereich mit *Calamintha nepeta*, *Campanula latifolia*, *Aster pringlei* und *Platycodon grandiflorus*, der Vordergrund mit Ziest, *Iberis sempervirens* und *Geranium* x *cantabrigiense* 'Biokovo'.

So schön harmonieren weiße Rosen wie 'Bordure Blanche' mit gleichfarbigen Stauden wie *Campanula latifolia*.

Natürlich ist das „rosigste" Rosenbeet immer das, welches in der Farbe Rosa gestaltet wird:

Rosen

Im Hintergrund:
Alfred de Dalmas
Celestial
Clos Fleuri Rose
Fantin Latour
Général Kleber
Rosa centifolia 'Muscosa'
Penelope
Königin von Dänemark
Rosa villosa 'Duplex'
Sarah van Fleet
Soupert et Notting
Variegata di Bologna

Im Mittelbereich:
Baroque Floorshow
Belle Isis
Bloomfield Abundance
Rosa centifolia
Chartreuse de Parme
Constance Finn
Comtesse de Ségur
Empress Joséphine
Ferdinand Pichard
Grand Siècle
Jenny Duval
La Reine Victoria
Louise Odier
Madame Pierre Oger
Miss Dior
Perle d'Amour
Ispahan (Pompon des Princes)
Rosa gallica 'Officinalis'
Souvenir de Louis Amade
Stanwell Perpetual
William Lobb

Im Vordergrund:
Avalanche Rose
Belle Isis
Comte de Chambord
Félicité Parmentier
Gloire de France
Hermosa
Madame Figaro
Mamy Blue
Old Blush China
Rose de Meaux
Rose de Resht
Rosa x *damascena* 'Bifera'
Souvenir de la Malmaison
The Compassionate Friends

Da wir schon bei den Rosen sehr viele unterschiedliche Rosa-Töne haben, empfehle ich eine Kombination mit weißen Stauden oder mit blau/blauviolett blühenden wie:

Stauden für das rosafarbene Rosenbeet

Aconitum x *arendsii* – Eisenhut 100 cm B: 9–10
Aster amellus – Bergaster 40 cm B: 8–9
Aster cordifolius – Schleieraster 100 cm B: 9–10
Aster pyrenaeus – Pyrenäenaster 50 cm B: 8–9
Campanula carpatica – Karpatenglockenblume 20 cm B: 5–8
Delphinium x *belladonna* 'Piccolo' – Rittersporn 70 cm B: 6–9
Delphinium 'Lanzenträger' – Rittersporn 200 cm B: 6–9
Echinops ritro – Kugeldistel 120 cm B: 7–8
Erigeron-Hybriden – Feinstrahlaster 60 cm B: 6–8
Eryngium planum – Edeldistel 80 cm B: 6–8
Lavandula angustifolia (niedrig wachsende Sorten !) B: 7–8
Limonium latifolium – Standflieder 60 cm B: 5–6

Linum perenne – Stauden-Lein 40 cm B: 6–8
Nepeta x *faassenii* oder niedrige Sorten
Höhenangabe beachten – Katzenminze
30 cm B: 5–9
Platycodon grandiflorus – Ballonblume
60 cm B 7–8
Polemonium caeruleum – Jakobsleiter
60 cm B: 6–7
Salvia nemorosa 'Blauhügel' – Salbei
40 cm : 5–7

Salvia nemorosa 'Viola Klose' – Salbei
50 cm B: 5–6 + 8

… und auch hier wieder viele blau und weiß blühende Frühjahrsblumen-Zwiebeln verbuddeln.

Sehr schön ist die Wirkung von rosafarbenen Rosen wie 'Souvenir de Louis Amade' durch die Kombination mit weißen und blauviolett blühenden Stauden. Beachten Sie bei der Auswahl von Rosen und Stauden immer die Höhenangaben, damit jede einzelne Pflanze für sich wirken kann und nicht durch andere verdeckt wird.

'Gruß an Aachen', durch-wachsen von einer zart rosé blühenden Sterndolde.

Rosenbeet mit gelb, apricot, bronze und zart rosé getönten Rosen

Rosen

Im Hintergrund:
Agnes
Buff Beauty
Céline Forestier
Felicia
Fritz Nobis

Im Mittelbereich:
Amber Abundance
Camille Pissarro
Claude Monet
Graham Thomas
Grimaldi
Golden Wings
Jardin de l'Essonne
Marjorie Marshall
Mitsouko
Mutabilis
Rose des Cisterciens
Souvenir de Marcel Proust
Stadt Hockenheim
Tendresse
Yellow Floorshow
White Gold

Im Vordergrund:
Amber Abundance
Bordure Nacree
Gruß an Aachen
Paul Cézanne
Sweet Dream

Für Obelisken oder ein Rankgestell im Hinter-grund:
Ginger Syllabub
Papi Delbard
Penny Lane
Perpetually Yours

Stauden für das zuvor genannte Rosenbeet:

Bei einer solchen Farbenvielfalt sollte vorsichtig mit Stauden kombiniert werden. Es eignen sich „kalte" Farben, wie sie weiße und blaue Stauden und Gräser haben:
Bouteloua gracilis – Moskitogras
H 20 in der Blüte 40, B: 7–9
Briza media – Zittergras
H 20 in der Blüte 40, B: 7–9
Hystrix patula – Flaschenbürstengras
H 30 in der Blüte 60 cm, B: 6–7
Koeleria glauca – Blauschopfgras
H 15 in der Blüte 25 cm, B: 6–7
Molinia caerulea – Pfeifengras
H 20 in der Blüte 60 cm, B: 8–9
Pennisetum alopecuroides – Lampenputzergras
H 30 in der Blüte 60 cm B: 7–9
Stipa pennata – Federgras –
H 20 in der Blüte 60 cm B: 6–7

Sie sehen, wie unterschiedlich die Geschmäcker sind. In diesem Beet werden Rosen wie 'Marjorie Marshall' mit rotlaubigen Purpurglöckchen und rosa blühenden Stauden kombiniert. Die Eibenhecke im Hintergrund läßt Rosen und Stauden voll zur Geltung kommen.

'Charles de Mills' und Fingerhut, eine wirkungsvolle Kombination Ton in Ton.

Das rote Rosenbeet mit dunkelrosa, roten und rot-violetten Rosen

Rosen

Im Hintergrund:
Cardinal de Richelieu
Charles de Mills
Guy Savoy
Madame Isaac Pereire
Rosa moyesii 'Geranium'
Rosa rubrifolia
Roseraie de l'Hay
Souvenir du Docteur Jamain
Tuscany Superb
William Lobb
Variegata di Bologna
Zigeunerknabe

Im Mittelbereich:
Henri Matisse
L. D. Braithwaite
Rose de Resht

Im Vordergrund:
Duftfestival
Edgar Degas (wenn in die Farbgestaltung auch eine Spur Gelb paßt)
Le Rouge et Le Noir

Und für einen Obelisken oder ein Gestell im Hintergrund:
Madame Isaac Pereire
Salammbo

Stauden für das rote Rosenbeet:

Möchten Sie nur die Farbe der Rosen wirken lassen, kombinieren Sie mit Gräsern, Buchs und blau blühenden oder graulaubigen Stauden, bei denen die Blüte eher unscheinbar ist:

Alchemilla erythropoda – Frauenmantel
Blüte gelbgrün H 15 B: 5–7
Antennaria dioica – Katzenpfötchen
Blüte rot H: 5, B: 5–6
Festuca glauca – Blauschwingel-Gras
H 15 in der Blüte 25 B: 6–7
Koeleria glauca – Blauschopfgras
H 15 in der Blüte 25 B: 6–7
Sedum telephium 'Herbstfreude' – Fetthenne
Blüte rotbraun H 50 B: 9–10
Stachys byzantina 'Silver Carpet' – Ziest
nicht blühend H: 20 cm

Ich hoffe, Sie haben spätestens jetzt Lust bekommen, ein Rosenbeet anzulegen. Die wichtigsten „Zutaten" haben wir vorgestellt. Es ist ganz gleich, ob Sie mit einer einzigen Rose beginnen oder gleich ein richtiges Beet anlegen oder Ihren Garten komplett umgestalten möchten. Rosen werden Sie über viele Jahre hinweg begleiten, werden Sie in ihren Bann ziehen. Und wie früher die gehobene Gesellschaft mit Rosen prunkte, werden auch Sie das schöne Gefühl kennenlernen, mit einem Strauß Rosen aus dem eigenen Garten eine besondere Freude machen zu können – sich selbst und anderen.

Die rot blühende Rose mit einer Höhe von 1 m dominiert im Beet, obwohl sie vom im Hintergrund blau blühenden Rittersporn überragt wird. Der Lavendel links wirkt besonders intensiv durch den davor stehenden Frauenmantel, das ganze Bild wird durch den Ziest *Stachys byzantina* im Vordergrund abgerundet.

II.
Anlage
von Rosenbeeten und
deren Pflege

Wir planen ein Rosenbeet

Ich hatte schon oft das Gefühl, daß Gartenfreunde eine Rose betrachten wie Phlox, Rittersporn oder Sonnenhut, das heißt wie groß werdende, über Jahre sich vermehrende, im Sommer blühende Stauden. Das ist bei einer Rose aber nicht der Fall. Die Rose ist ein „Rosacea-Gewächs", gehört in erster Linie zu den Gehölzen und ist mit Apfel, Birne, Kirsche, Mandel usw. verwandt, also mit vielen im Frühjahr mit einfachen weißen Blüten blühenden, Früchte tragenden Bäumen.

Dies sollte bei der Anlage eines Rosenbeets berücksichtigt werden, denn eine Rose kann viele Jahrzehnte am gleichen Standort stehen, manche Sorten werden älter als Generationen von Menschen. Und nicht alle (vor allem nicht die Historischen) können durch Rückschnitt kleiner gehalten werden, als dies in der Sortenbeschreibung angegeben ist. Als ich meinen eigenen Rosengarten anlegte (natürlich mit vielen historischen Sorten), machte ich den Fehler, die Wuchsangabe der Moosrose 'Soupert et Notting' nicht 100prozentig zu berücksichtigen. Sie steht in einer Weggabelung und wird in jedem Jahr, trotz Rückschnitts Ende Juni und im September, so breit, daß ein Kontakt beim Vorbeigehen unvermeidlich ist. Glücklicherweise hat sie keine Stacheln.

Durch ihre Wurzeln und darin in Symbiose lebende Pilzgeflechte kommunizieren Rosen – wie alle Gehölze – intensiv mit benachbarten Sträuchern, Gehölzen und Bäumen. Soll also ein Rosenbeet in direkter Nachbarschaft von etablierten, also bereits seit einigen Jahren dort stehenden anderen Pflanzen, angelegt werden, ist Vorsicht angesagt.

Unangenehme Nachbarn

Besonders bei Sträuchern, die in ihren Wurzeln Phenole besitzen – Phenole sind pflanzeneigene Abwehrstoffe, mit denen sie sich gegen Freßfeinde und Pflanzenkonkurrenz schützen, wie dies beispielsweise bei Thujas und Kirschlorbeer der Fall ist – muß ein Sicherheitsabstand gewahrt werden, der sich leicht wie folgt errechnen läßt: Der etablierte Strauch wurzelt nach allen Seiten hin ab den Triebspitzen nochmals so weit, wie er bis zum Stamm oder den Trieben breit ist. Beispiel: Der Gesamt-Durchmesser einer Thuja beträgt 1 m. Vom Stamm bis zu den Enden der Triebe sind es etwa 50 cm. Die Wurzeln werden ab dem Stamm bis zu 1 m weit ins Beet wachsen. Mit zunehmender Größe und Breite eines Strauches erhöht sich natürlich auch das Wurzelwachstum.

Eine Rose wird normalerweise mit leckeren Bodenverbesserern gepflanzt, die andere Wurzeln natürlich auch gerne mögen und sich deshalb unverzüglich in diese Richtung auf den Weg machen. Damit die gerade gepflanzte Rose nicht schon in der nächsten Vegetationsperiode von diesen Wurzeln stranguliert wird, muß ein Sicherheitsabstand gewahrt und eine Wurzelsperre eingebracht werden.

Wurzelsperren

Wenn eine Rose gepflanzt werden soll, ist mehr Aufwand zu betreiben als bei einer kleinen Staude, es muß ein großes Loch gegraben werden, das die Wurzeln so aufnehmen kann, daß sie gut ins Loch passen und die Veredelungsstelle außerdem noch eine Handbreit im Boden ist. Stellen Sie ins Pflanzloch in Richtung der „gefräßigen" anderen Wurzeln ein Stück nicht zu dünnes, nicht schnell verrottendes Material wie z. B. einen Baueimer ohne Boden. Den Erdaushub sollten Sie zum Pflanzen der Rose nicht mehr benutzen. Wahrscheinlich beherbergt er bereits Wurzelenden der anderen „Nachbarn", die auch nach dem Kappen noch eine Vegetationsperiode lang oder länger ihre Signale aussenden werden.

Vorhergehende Seite:
Rosen wie 'Constance Spry'
(im Hintergrund in der Mitte) lassen sich durch Schnitt
und entsprechendes Anbin-
den an Stützen, Obelisken
und Pfeilern in viele unterschiedliche Wuchsformen
ziehen. So entstand hier
eine Form, die Ähnlichkeit

mit einer Hochstamm-Rose
hat, außer daß sie nicht auf
einem Stamm, sondern
mehreren Trieben steht. Die
Kombination mit blauen
Stauden wie Rittersporn
und Katzenminze und dem
unverwüstlichen Frauen-
mantel bringt die Rosen
noch besser zur Geltung.

Oben: Durch Elemente wie
Rosenbögen, Lauben oder
wie in diesem Falle Holz-
spaliere geben Sie ihrem
Garten Höhe und vermei-
den, daß er eintönig wirkt.
Auch in diesem Garten be-
zaubert die Kombination

von rosafarbenen Rosen wie
beispielsweise 'Comtesse de
Ségur' (vorne) und Kletterrosen wie 'Mme Isaac Pereire' und 'Compassion' mit
blau blühenden Stauden.

Auch große Nachbarn ohne phenolhaltige Wurzeln sind für eine neu gepflanzte Rose nicht ungefährlich. Hier gilt die Faustregel: Je mächtiger ein Baum oder ein Strauch wächst, desto intensiver sind sein Nahrungsbedarf und parallel dazu seine Konkurrenz zur „Starkzehrerin" Rose. Behalten Sie in den ersten Jahren nach der Pflanzung die Rose im Auge. Eine Rose signalisiert immer, ob es ihr gut oder schlecht geht. Falls sie trotz guter Pflege nicht richtig wächst, sollte sie kurz vor Winteranfang verpflanzt werden, bevor sie endgültig ihren Geist aufgibt.

In der Tiefe lauernde Feinde

Die Ur-Rose entwickelte sich in heißen Gegenden. Deshalb hat sie Pfahlwurzeln, die bis zu 10 m, 20 m oder noch länger werden, um an das lebensspendende Naß zu gelangen. Tief unten im üblicherweise kalten und immer ein wenig feuchten Erdreich ist die Gefahr, daß die feinen Saugwurzeln vertrocknen, nahezu ausgeschlossen. Und es ist auch nicht anzunehmen, daß eine normalerweise leicht feuchte Erdschicht plötzlich über einen längeren Zeitraum permanent naß ist. Dies wäre für die Wurzeln genauso schädlich, da sie dann verfaulen würden. Wenn wir eine Rose pflanzen, müssen wir diese Eigenart der Pfahlwurzeln berücksichtigen.

Tiefgründigkeit des Bodens

Aus den vorgenannten Gründen sollten Sie sich bei der Pflanzung im Garten vergewissern, daß sich unterhalb der Pflanzposition kein gewachsener Fels oder undurchdringliche Erdschichten befinden. Irgendwann einmal vergrabener Bauschutt ist zumindest genauso problematisch wie Fels, da er zusätzlich ätzende Substanzen enthält, die zarte Saugwurzeln sofort absterben lassen.

Anlage von Rosenbeeten über undurchdringlichen Flächen

Schwierig ist die Anlage von Rosenbeeten auf Flächen, auf denen sich eine nur 30 bis 40 cm tiefe Erdschicht und darunter eine massive Betondecke befinden. Ich denke hier speziell an Tiefgaragen, über welchen eine Grünfläche angelegt wurde. Hier wird sich – gute Bewässerung vorausgesetzt – eine Rasenfläche über viele Jahre hinweg halten, mit Sicherheit aber keine Rose, auch wenn unempfindliche, klein bleibende Sorten gewählt und diese optimal versorgt werden. Solche Rosen werden nicht lange schön bleiben, denn in jedem Jahr werden die Wurzeln durch Trockenheit und Hitze geschädigt, so daß sie sich von Jahr zu Jahr immer weiter zurückentwickeln und irgendwann einmal keinen schönen Anblick mehr bieten und entfernt werden müssen.

Rosen in Pflanzgefäßen

Möchten Sie Rosen in einen Topf pflanzen, gilt auch hier: Der Topf sollte möglichst hoch sein, wenigstens 40 cm. Der Durchmesser ist weniger wichtig. Damit die Wurzelenden niemals im Wasser stehen und dort verfaulen, muß auf den Boden des Gefäßes eine Drainage eingebracht werden. Dies bedeutet: Zunächst sollten die Löcher zum Ablaufen des Wassers mindestens einen Durchmesser von 1,5 cm haben. Achten Sie darauf, daß diese Löcher nicht verstopft werden können. Hier hat sich bewährt, eine gewölbte Tonscherbe oder ein Stück feinmaschiges Drahtgeflecht auf das Loch zu legen und den Topf auf Füßchen zu stellen. Auf den Topfboden bringen Sie eine etwa 5 cm hohe Schicht Tonscherben oder Kieselsteine ein, bevor Sie mit Erde auffüllen. Denken Sie daran, daß die Rose in diesem Topf wenigstens die nächsten 10 Jahre bleiben sollte, und spendieren Sie deshalb eine richtig gute Erde, vorzugsweise ohne

Haben Sie das Glück, alten Obstbaum-Bestand im Garten zu haben, ist es nur eine Frage der Zeit, bis Sie ein solcher Anblick begeistern wird. Eine einzige 'Bobbie James' läßt diesen alten Obstbaum Anfang Juni nochmals erblühen.

hohen Torf-Anteil, da sich Torf mit den Jahren stark verdichtet.

Ein schöner Standort für Rosen

Für ein neu anzulegendes Rosenbeet oder eine Topf-Rose sollte ein Platz vorhanden sein, der sonnig bis halbschattig und gut durchlüftet ist. Stehen die Rosen vor einer weißen Wand, verstärkt sich die Intensität der Sonne nochmals. Diese Pflanzposition sollte man demnach nur für sehr sonnenresistente Rosen auswählen. Meistens reagieren dicht gefüllte, pastellfarbige Rosen auf starke Sonneneinstrahlung durch schnelles Verblühen. Teilweise vertrocknen neue Triebspitzen. Auch sollten dort während der letzten 6 Jahre kei-

ne Rosen gestanden haben, ansonsten tauschen Sie die Erde aus. Zuvor begutachten Sie noch die etablierte Nachbarschaft und prüfen die Tiefgründigkeit des Bodens. Der beste Boden für Rosen ist eine lockere, d. h. mit Sand gemischte Lehmerde. Lehm enthält viele Mineralien und verhindert, daß Wasser sofort wieder abläuft.

Wie Rosen gepflanzt werden

Wie schon erwähnt das Wichtigste vorab: Wo bereits eine Rose stand – und dies gilt auch für Töpfe – darf sechs Jahre lang keine andere gepflanzt werden, es sei denn, Sie tauschen die Erde aus. Wenn Sie Rosen nicht gleich pflanzen können, sollten diese kühl und frostfrei zwischengelagert werden. Alle zwei Tage mit Wasser besprühen, die ganze Pflanze mit einem feuchten Tuch abdecken.

Wenn Sie Rosen im Einschlag überwintern: Pflanzen schräg in einen ca. 40 cm tiefen Graben legen, mit Erde so auffüllen, daß die Veredelungsstelle (das ist die Stelle über der Wurzel, aus der die Triebe wachsen) gut bedeckt ist, zur nächsten Rose lassen Sie einen Abstand von 10 cm. Das Ganze wird gut gewässert, angehäufelt und mit Tannenreisig, Blättern etc. abgedeckt. Wenn Sie im Frühjahr die Rosen dann pflanzen möchten, fassen Sie mit behandschuhten Fingern in das angehäufelte Erdreich, und ziehen Sie leicht an der Veredelungsstelle. Die Rose läßt sich ganz einfach aus der Erde ziehen, wenn ihr Boden locker ist. Ansonsten vorsichtig mit einer Grabegabel ausgraben. Anschließend verfahren Sie mit der Pflanze genauso, als hätten Sie sie gerade gekauft.

Generell wird vor der Pflanzung etwa 12 Stunden lang gewässert, wobei die ganze Wurzel, am besten der ganze Rosenstrauch, im Wasser liegt. In das Wasser geben Sie einige Handvoll Erde (nicht bei zuvor im Einschlag befindlichen Rosen), denn dies regt die Bildung neuer Saugwurzeln an. Falls die Wurzeln nicht bereits vom Betrieb gekürzt worden sind, der Ihnen die Rosen verkaufte, müssen Sie dies selbst tun und zwar mit einer sauber schneidenden Rosenschere. Gerade beim Rückschnitt von Wurzeln sollten keine ausgefransten Wurzelenden entstehen. Sie umfassen nun die Veredelungsstelle und lockern die Wurzeln auf. Anschließend kürzen Sie alle Wurzeln ein wenig. Die dickste Wurzel ist die Hauptwurzel der Rose, diese wird noch ein wenig mehr eingekürzt als die anderen. Für die Rose künftig nicht förderlich sind Wurzeln, die nach dem Auflockern steil nach oben ragen, über die Veredelungsstelle hinaus. Da eine solche Wurzel Wildtriebe bringen wird, wird sie so weit abgeschnitten, daß sie die Veredelungsstelle nicht mehr überragt. Auch verletzte oder abgeknickte Wurzeln werden kurz hinter der Schadstelle abgeschnitten. Anschließend werden die Wurzeln senkrecht eingepflanzt, das Pflanzloch muß so groß sein, daß sie nicht geknickt oder umgebogen werden. Die Veredelungsstelle sollte ca. 5 cm im Boden sein. Die Pflanzerde mischen Sie am besten mit gutem Kompost in einem Verhältnis von 5 Teilen Erde, 1 Teil Kompost. Falls Sie keinen eigenen Kompost besitzen, kaufen Sie diesen in einem Gartencenter oder bei einem Spezialanbieter. Aufwerten können Sie Ihre eigene Gartenerde auch mit gut abgelagertem, kompostiertem Stalldung (nicht von Schweinen, Vorsicht bei Dung von Geflügel, Hasen und anderem Kleingetier, diesen sehr sparsam verwenden) und Meeresalgen. Vor BSE habe ich auch Blut- und Hornmehl empfohlen, hierauf verzichte ich heute. Pflanzen Sie Rosen in Töpfe verfahren Sie bis zu dieser Stelle genauso. Auf den Boden der Töpfe, wird eine Drainage in Form von Tonscherben oder Kieselsteinen etwa 5 cm hoch eingebracht, der Topf anschließend auf Füßchen gestellt, damit Wasser ungehindert ablaufen kann und Ihr (vielleicht wertvoller) Terrakotta-Topf im Winter ebenfalls keinen Schaden nimmt (Eis sprengt sogar Stahl).

Da Rosen zu den Gehölzen zählen, werden sie bei der Pflanzung eingeschlämmt. Dies bedeutet, daß Sie beim Auffüllen von Erde in Pflanzloch oder Topf immer wieder Wasser nachgießen. Wenn die Erde bis zum Rand aufgefüllt ist, wird sie leicht angedrückt. Abgesackte Erde wird nochmals aufgefüllt. Im Herbst verwenden Sie zum Anhäufeln am besten dieselbe Erde wie zum Pflanzen. Wurden die Rosen in Töpfe gepflanzt, warten Sie, bis das Wasser abgelaufen ist. Die Erde ist dann um einige Zentimeter abgesackt. Anschließend füllen Sie so lange Erde nach, bis der Topf ca. 3 cm unter dem Rand mit Erde aufgefüllt ist.

Mancher Rosenfreund, der eine Rose in einen zuvor gekauften Topf pflanzen möchte, erlebt eine

Wenn Sie mit den Fingern leicht über die feinen Härchen (genannt das Moos) der Knospen und der Stiele unterhalb der Blüten streichen, werden diese mit klebrigen Tröpfchen benetzt und duften intensiv nach würzigem Harz, hier die Moosrose 'Soupert et Notting'.

unangenehme Überraschung, wenn die Wurzeln zu groß sind und nicht in den Topf passen. Wenn die Wurzeln, um in den Topf zu passen, dann so geschnitten werden müssen, daß ihnen noch etwa 20 cm Länge bleiben, wird sich die Rose zwar im ersten Jahr entwickeln und auch blühen, nach Ablauf dieses Jahres ist der Topf aber bereits übervoll mit Wurzeln, und die Hauptwurzel wird auf der Suche nach weiterem Erdreich versucht haben, einen Weg durch den Wasserablauf ins Freie zu finden. Im Jahr darauf kümmert die Rose bereits. Gönnen Sie einer Rose, die eine Höhe von 40 cm und mehr erreicht, einen Topf, der mindestens genauso hoch ist. Dabei darf der Topf schlank sein, da Rosen Pfahlwurzeln bilden.

Bei Hochstämmen wird die Wurzel so eingepflanzt, daß die Zapfschnittstelle – das ist die Stelle zwischen Wurzel und Stamm – frei bleibt. Der Grund dafür ist, daß die meisten Hochstamm-Rosen dreimal veredelt werden. Zunächst wird auf eine gut saugende Wurzel ein Trieb einer Rank- oder Kletterrose okuliert. Diese Okulations-Stelle ist die Zapfschnittstelle. Sobald der Trieb, welcher der Stamm der Hochstamm-Rose sein wird, angewachsen ist, werden die Edelreiser oben am Stamm aufokuliert. Somit befindet sich das „Herz" einer Hochstamm-Rose oben. Dies ist auch der Teil, den Sie im Winter schützen müssen, Stamm und Saugwurzeln stammen immer von sehr widerstandsfähigen, winterharten Rosen. Eine Kundin wünschte sich zwei gleiche Hochstamm-Rosen, die, bedingt durch die Anlage des Gartens, unterschiedlich hohe Stämme haben sollten, 100 und 80 cm. Zu dem Zeitpunkt der Bestellung waren nur noch 100 cm hohe Hochstämme dieser Sorte verfügbar. Sie fragte nun, ob sie das eine Stämmchen nicht einfach 20 cm tiefer einpflanzen könnte als das andere und somit die gewünschte Höhen-Abstufung erreicht werden könnte. Leider mußte ich sie enttäuschen. Wie schon gesagt, wird eine Hochstamm-Rose sowohl auf eine Saugwurzel wie auch auf einen Trieb einer Rank- oder Hochstamm-Rose okuliert. Werden Wurzel und ein Teil des Stammes in die Erde eingepflanzt, wird der Stamm aus den schlafenden Augen – dies sind die Stellen am Trieb einer Rose, die aussehen, als ob waagerecht mit einem scharfen Messer eingeritzt worden wäre – immer Triebe bilden, die als Wildtriebe aus der Erde wachsen werden. Solche Triebe saugen viel Kraft aus dem Hochstamm, denn Nährstoffe, die weiter unten „verbraucht" werden, kommen oben in der Krone nicht mehr an. Dies ist auch der Grund, warum Triebe, die sich am Stamm der Hochstamm-Rose bilden, immer sofort ausgebrochen werden müssen.

Das Pflanzloch von Kletter- und Rankrosen heben Sie etwa 15 cm von der Kletterhilfe entfernt aus. Sollte diese einbetoniert worden sein, sollte ein Abstand von mindestens 40 cm eingehalten werden.

Die Pflanzabstände zwischen den einzelnen Rosen sind unterschiedlich und richten sich nach der Breite, die eine Rose in den Folgejahren erreichen wird. Bei den Historischen Rosen wurden diese Abmessungen jeweils angegeben, bei modernen Rosen sind sie geringer, rechnen Sie mit etwa 50 bis 60 cm bei mehr als 1 m hoch werdenden Rosen (insgesamt max. 5 Pflanzen/qm), bei mittelstark, d. h. bis zu 80 cm hoch wachsenden Rosen mit etwa 40 bis 45 cm (etwa 6 Pflanzen/qm), bei klein bleibenden Rosen, d. h. bis ca. 60 cm hoch wachsenden Rosen mit 35 bis 40 cm (ca. 7 Pflanzen/qm). Der Abstand zwischen Kletterrosen kann variieren. Wenn Sie möchten, daß eine bestimmte Sorte, die eine Wuchshöhe von 3 m nicht übersteigt, üppig in alle Richtungen wächst, können zwei gleiche Pflanzen mit einem Abstand von 50 cm (gleichzeitig) gepflanzt werden. Ansonsten kann der Abstand zwischen Kletterrosen 1,50 m betragen. Hochstamm-Rosen sollten mit einem Abstand von mindestens 1,50 m gepflanzt werden, damit sich die Kronen der Rosen unbehindert entwickeln können. Gleich bei der Pflanzung des Hochstamms bekommt er direkt neben dem Stamm eine Stütze. Binden sie ihn an dieser Stütze dreimal an: das erste Mal direkt unterhalb der Krone, das zweite Mal in der Mitte des Stammes, das dritte Mal etwa 15 cm über dem Boden.

Schlußwort zur Anlage eines Rosenbeetes

Sprechen Sie mit ihrer Familie, bevor ein Rosenbeet angelegt werden soll, denn Rosen sind stachelige Artgenossen und behindern Kinder möglicherweise bei ihren Spielen. Falls Sie Haustiere haben: Hasen knabbern alles an, Ziegen fressen alles. Sollten sich Ihre Haustiere auf Hunde und Katzen beschränken: Katzen lieben Rosen, legen sich im Frühjahr leider auch auf gerade gepflanzte. Hier ist ein 20 cm hoher Hasendraht, locker um die frisch gepflanzte Rose gestellt und leicht in der Erde fixiert, sehr hilfreich. Hunden mit ihrem ungestümen Verhalten müssen Sie den Respekt vor der kleinen Rose zunächst beibringen. Nach dem ersten Jahr verteidigt sich die Rose selbst.

Idealerweise sollte sich zur Pflanzung und anschließenden Pflege von Rosen nicht nur ein Teil der Familie verantwortlich fühlen. Durch ihre samtigen Blütenblätter und ihren Duft sind Rosen für Kinder ein prägendes Erlebnis. Es fällt nicht schwer, sie für Rosen zu begeistern. Ich erinnere mich hier an eine Begebenheit mit meiner ersten Enkeltochter: Eines Tages kam sie mit einer Handvoll duftender Blütenblätter und überreichte sie mir andächtig. Sie meinte: „Oma, die halten sicherlich noch lange, wenn wir sie ins Wasser stellen." Ich sagte ihr, daß Blütenblätter selbst nur noch in eine Schale gestreut werden können, da es die eigentliche Rosenblüte nicht mehr gibt. Mit großen Augen meinte sie, daß sie traurig sei, daß die schöne Rose jetzt gestorben sei, wir sie aber doch wieder zusammenkleben könnten, so

Werden Rosen mit Kräutern, wie in diesem Falle englischem Majoran (*Origanum* 'Aureum'), kombiniert, führt dies zur Reduzierung von Schädlingen. Kräuter harmonieren auch unterirdisch gut mit den Rosenwurzeln.

wie ich ihr kürzlich ein Spielzeug repariert hatte.

Ich denke hier auch gerne an einen Brauch aus meiner eigenen Kindheit zurück: Zum Fronleichnamsfest wurden für die feierliche Prozession die Gehwege mit Blumenblättern geschmückt. Alle Jahre im Juni wurden alle Rosen im Garten abgeschnitten, um aus ihnen duftende Teppiche zu gestalten. Manche wanderten auch in kleine Körbchen, aus denen wir Kinder bei der Prozession Rosen streuten. Das Schönste war, daß wir Kinder bei all diesen Aktionen, beim Abschneiden der Rosen, beim Abpflücken der Blütenblätter, bei dem Gestalten der schönen Blütenteppiche, mithelfen durften. Und dann die Aufregung, bloß nichts zu zerstören, bis die Prozession mit der goldenen Monstranz unter dem großen Baldachin vorbeigezogen war.

Nochmals zurück zum Stichwort „Herumtollen": Die meisten Rosen wachsen nicht auf eigenen Wurzeln, sondern werden auf eine sogenannte Saugwurzel – in der Fachsprache „Unterlage" – okuliert. Dies geschieht, damit sie sich künftig besser entwickeln können, da die Saugwurzeln die Wurzeln starker, wilder Sorten sind und entsprechend kräftig Nahrung aufnehmen können. Werden durch spielende Tiere, Kinder oder eigene Unachtsamkeit ein oder mehrere Triebe aus der Veredelungsstelle herausgebrochen, muß dies nicht zwangsläufig bedeuten, daß die Rose verloren ist. Oftmals genügt es, den herausgebrochenen Trieb, sofern er noch an der Wurzel hängt, mit einem elastischen Band wieder fest an seiner ursprünglichen Position zu befestigen. Sie haben dann die Rose quasi zum zweiten Mal okuliert.

Die vier wichtigsten Gründe für das Absterben neu gepflanzter Rosen

Ich gehe zunächst davon aus, daß Sie Rosen gekauft haben, die von guter Qualität waren.

Die Wurzeln vertrocknen

Dies kann sowohl bei im Herbst als auch im Frühjahr gepflanzten Rosen passieren. Manche Winter sind sehr trocken. Haben Sie die Rosen jedoch gemäß Empfehlung in der Pflanzanleitung gepflanzt, d. h. gut eingeschlämmt, werden sie solche Perioden überstehen. Im Frühjahr gepflanzte Rosen benötigen nach der Pflanzung viel Wasser, wenn es warm und das Erdreich trocken ist.

Die Wurzeln verfaulen

Leider ist dies öfter der Fall als das oben beschriebene Phänomen. Gartenbesitzer unterschätzen oftmals die Dichte der Erde, die sie im Garten haben. Obwohl Lehm sehr mineralreich ist und von Rosen geliebt wird, ist er dennoch ihr größter Feind, wenn er dicht und wasserundurchlässig ist. Stellen Sie sich einfach die Situation so vor, als ob eine Rose in einen Topf ohne Loch für den Wasserablauf gepflanzt würde. Die Wurzeln sind ständig naß, die neu gebildeten Saugwurzeln verfaulen innerhalb kurzer Zeit. Die Rose selbst zeigt uns anschaulich, was mit ihren Wurzeln passiert: Sie treibt aus ihren Augen aus, bildet einige Blättchen, vielleicht sogar eine Knospe, und wird dann von einem Moment zum anderen schlaff und vertrocknet innerhalb weniger Tage. Erhält diese Rose danach keinen anderen Standort, wird sie eingehen. Ein Kunde reklamierte von vier gelieferten Rosen drei als „nicht angegangen". Ich bat ihn um Zusendung dieser Rosen. Wir stellten sofort nach Erhalt schon an der Farbe der Wurzeln fest, daß das Wurzelwerk all dieser Rosen verfault war – erkenntlich an der fast schwarzen Farbe. Einzeln in einen Topf gepflanzt, erholten sich die Rosen sehr schnell wieder.

Die Wurzeln werden verätzt

Von ihrer Art her sind Rosen als Gehölz zwar sehr robust, reagieren manchmal jedoch wie Mimosen. Sobald Rosenwurzeln auf ein alkalisches ($ph > 8$) Erdreich treffen, werden sie innerhalb kürzester Zeit verätzt. Oftmals hat die Rose noch nicht einmal die Gelegenheit, ein wenig auszutreiben, da die neuen Saugwurzeln sofort absterben. Ein solches Erdreich ist immer dann gegeben, wenn Bauschutt vergraben wurde oder in nächster Nähe der Rose ein Zementsockel eingebracht wird.

Die Wurzeln werden gestreßt

Zuvor habe ich schon von der Gefahr gesprochen, die von den Wurzeln etablierter Gehölze und Sträucher ausgehen. Ohne Wurzelsperren haben Rosen kaum eine Chance.

Bei der Anlage dieses außergewöhnlich schönen Rosenbeetes wurde darauf geachtet, daß die dominierenden Rosen alle dieselbe Grundfarbe – ein dunkles Rosa mit violettem Schimmer – besitzen. Gepflanzt wurden von vorne rechts nach links: 'Louise Odier', 'William Lobb', 'Charles de Mills' und 'Jenny Duval'.

Die Rankrose im Hintergrund ist 'Veilchenblau'. Ich hätte in diesem Beet zwischen den Einmalblühenden noch 'Chartreuse de Parme' gepflanzt, um auch im Spätsommer und Herbst Blüten zu haben. Zum Zeitpunkt der Anlage des Beetes gab es diese Rose aber noch nicht.

Rosen-Krankheiten und Schädlinge

Pilzkrankheiten

Ist ein Standort gut durchlüftet, damit Morgentau oder Regen im Laufe des Tages schnell abtrocknen können, werden sich Pilzkrankheiten im Rahmen halten. Pilzsporen entwickeln sich dann besonders gut, wenn sie sich während einer warmen Periode an feuchten Blättern oder Trieben etablieren können. In einer solchen Situation vermehren sie sich tausendfach innerhalb kürzester Zeit. Unter dem Mikroskop sieht das Ganze dann aus wie ein Spinnen-Netz. Bei den „Knoten" dieses imaginären Spinnen-Netzes liegen die vernichtenden Tentakel des Pilzes. Diese dringen in Nährstoff-führende Adern des Blattes ein und saugen die Nährstoffe heraus. Aus diesem Grunde wird das Blatt gelb und fällt ab. Dies ist der Zyklus, der dem Pilz das Überleben sichert: Sobald das Blatt abgefallen ist, läßt sich auch die Pilzspore vom nun toten Wirt auf die Erde fallen. Unter günstigen Bedingungen wird sie durch Niederschlag in die Erde eingewaschen und kann dort ungestört verbleiben, selbst überwintern und gegebenenfalls jahrelang „schlafen". Normalerweise wird sie jedoch im kommenden Frühjahr durch Niederschlag wieder an nasse Teile der Rose geschleudert, und der ganze Spuk beginnt von vorne.

In sehr kalten, langen Wintern haben Pilzsporen, die sich in den Blattachseln eingenistet haben – Blattachseln sind die Stellen am Trieb einer Rose, an denen sich das vielblättrige Rosenblatt entwickelt hat – keine Chance zu überleben. Es ist natürlich schön, daß wir seit vielen Jahren keine langen, kalten Winter mehr hatten, denn so sind uns viele frostempfindliche Rosen erhalten geblieben, auf der anderen Seite müssen wir damit leben, daß mittlerweile die in den Blattachseln unbeschadet überwinternden Pilzsporen ihr Werk bei nächster Gelegenheit im Frühjahr fortsetzen werden. Dieser direkte Befall geschieht dann, ohne daß die Pilzspore aus dem Erdreich hochgeschleudert werden muß. Ich lehne alle Chemikalien ab, die massiv in den Kreislauf der Natur eingreifen. Was passiert, wenn Sie Antibiotika schlucken, weil Ihr Körper aus eigener Kraft eine Krankheit nicht mehr übersteht? Die Krankheit verschwindet zwar in den meisten Fällen schnell, ihr ganzer Organismus benötigt jedoch Wochen, manchmal Monate, um die Chemikalien wieder abzubauen und in sein Gleichgewicht zurückzufinden. Dasselbe passiert mit Pflanzen und dem Erdreich. Wir sind umgeben von Umweltgiften, und mein Wunsch ist es, daß jeder Garten- und Rosenfreund seine Lieblinge bei sich zuhause auf einem Stückchen unvergifteter Erde genießen kann.

Rosenrost und Sternrußtau

Rosenrost und Sternrußtau sind Pilzkrankheiten, wie sie zuvor beschrieben wurden. Sie werden weniger schnell durch Wind verbreitet, nisten sich in der Erde ein und verbleiben dort jahrzehntelang, bis eine geeignete Wirtspflanze vorhanden und eine gute Vermehrungs-Situation gegeben ist. Diese Pilze können eine schlecht gepflegte, d.h. an einem ungünstigen Standort stehende, wenig oder nicht gedüngte, schlecht oder nicht zurückgeschnittene Rose, in der Tat so schwächen, daß sie verkümmert und nach einigen Jahren eingeht. Sie erkennen Rosenrost und Sternrußtau an dunkelbraunen oder schwarzen Flecken auf den Blättern, die auch auf der Unterseite des Blattes zu sehen sind.

Wenn sich noch Regentropfen auf den Blättern befinden und die Sonne sie stark bescheint, haben diese die Wirkung eines Brennglases. Es entstehen hierbei nur auf den Oberflächen der Blätter braune Stellen. Verwechseln Sie diese nicht mit den Merkmalen der Pilzerkrankungen.

Ist die Rose von Rosenrost und Sternrußtau befallen, empfehle ich, die befallenen Blätter abzuschneiden (nicht abreißen, sonst wird das Auge, das den nächsten Austrieb enthält, vielleicht beschädigt) und im Müll zu entsorgen. Werfen Sie keinesfalls pilzbefallene Blätter auf den Kompost, das wäre eine wahre Kinderstube für die Sporen. Bereits abgefallene Blätter werden ebenfalls aufgesammelt und entsorgt. Sind diese auf Pinienmulch gefallen, reduziert sich die Gefahr einer Neu-Ansteckung im Frühjahr, da die auf den Mulch gefallenen Sporen nicht so leicht vom Regen an die Rose geschleudert werden können.

Mehltau

Mehltau ist eine weitere Pilzkrankheit, die Rosen bei starkem Befall schädigen kann. In erster Linie ist sie aber für uns Rosenfreunde ärgerlich, weil die Rose nicht mehr schön aussieht und uns kaum dazu verführt, sie für die Vase zu schneiden. Wo Mehltau andere Pflanzengattungen völlig dahinrafft oder diese so unansehnlich macht, daß sie für den Garten keine Zierde mehr darstellen und sofort entfernt werden, ist er bei gut gepflegten Rosen zwar ein ungeliebter, aber im Vergleich zu Rosenrost oder Sternrußtau dennoch relativ unschädlicher Krankheitserreger, zu vergleichen mit einem Schnupfen bei einem ansonsten gesunden Menschen. Der Mehltau-Pilz überzieht die Blätter und vorzugsweise einige Zentimeter unterhalb der Knospen und die Knospen selbst mit einem Belag, der wie Mehl aussieht – deshalb auch der Name. Beobachtet habe ich, daß Mehltau verstärkt nach einer Trockenperiode im Sommer auftritt. Der Grund hierfür ist, daß die feinen Wurzelenden der Rose ausgetrocknet waren und die Rose hierdurch geschwächt wurde. Wird in den heißen Monaten ausreichend gegossen, kann diese Krankheit eingedämmt werden. Ist die Rose stark von Mehltau befallen, rate ich, die Triebe bis zu den nicht befallenen Augen abzuschneiden. Die Rose wird aus den verbleibenden Augen neu austreiben und gut nachblühen, sofern es sich um eine mehrfach blühende handelt. Hat trotz guter Düngung und ausreichender Belüftung eine Rose in jeder Saison stark unter Mehltau-Befall zu leiden, deutet dies darauf hin, daß für sie der Standort ungeeignet ist. Da sie sich niemals zu voller Pracht entfalten kann, würde ich sie bei der nächsten passenden Gelegenheit – vorzugsweise im Herbst – an eine andere Stelle verpflanzen.

Um Pilzkrankheiten vorzubeugen, rate ich:
- Den Standort für die Rose bereits beim Pflanzen so auszusuchen, daß sie durch Wind schnell abtrocknen kann,
- die Rosen im Frühjahr und nach der ersten Blüte wie beschrieben leicht zurückzuschneiden, regelmäßig zu düngen, auf keinen Fall mit Kunstdünger, sondern mit organisch-mineralischen Produkten,
- Streß für die Rosen durch unangenehme „Nachbarn" zu vermeiden,
- Rosen niemals mit dem Schlauch von oben zu bewässern, sondern den Schlauch ins Rosenbeet zu legen, damit nur die Wurzeln mit Wasser versorgt werden.

Bewährt hat sich in diesem Falle ein einfaches Bewässerungs-System, wobei die Schläuche perforiert sind und knapp unter die Erde verlegt werden. Da das System mit Niederdruck arbeitet, spritzt kein Wasser an die Pflanzen. Wenn Sie nun zu Recht fragen, warum bei einem normalen Regen, der die Rose unweigerlich naß machen wird, diese Gefahr reduziert ist, liegt die Antwort auf der Hand: Regen ist im Normalfalle gepaart mit Wind, der Pflanzen schnell abtrocknet. Außerdem fallen die Temperaturen bei Regen meistens auf ein Niveau, in dem sich Pilzsporen nicht vermehren. Wird aber ein Tiefdruckgebiet durch eine Hochdruck-Wetterlage mit warmem Regen und nur leichtem Wind, der kaum abtrocknet, abgelöst, werden sich die Pilzsporen sofort millionenfach vermehren. Nur die von ihrer Art her unempfindlichsten Rosen oder solche mit dicken, glänzenden Blättern widerstehen eher dem Angriff. Bei Neuzüchtungen wird vermehrt auf eine Resistenz der Rosen gegenüber Pilzkrankheiten geachtet. Ein nützlicher Beitrag zur Reduzierung von Giften im Garten! Es gibt vorbeugende natürliche und homöopathische Mittel, die auf die Rose und die Umwelt keinen schädlichen Einfluß haben. Diese regen die Rose an, selbst „Antikörper" gegen Pilzsporen zu bilden und sich bei einem Befall wehren zu können. Diese Mittel haben den Nachteil, daß sie in regelmässigen Intervallen aufgesprüht werden müssen. Für den Gartenfreund völlig ungefährlich. Bevorzugen Sie die radikale Methode zur Bekämpfung von Pilzkrankheiten, werden Gartenmärkte verschiedene Chemikalien empfehlen können. Ich darf Ihnen versichern, daß ich meinen eigenen privaten Garten wie ein kleines Refugium von allem freihalte, was nicht natürlichen Ursprungs ist. Wie könnte ich ansonsten unbesorgt Blätter meiner Lieblingsrosen pur, im Salat oder im Eiswürfel genießen ?

Bei einem Gespräch mit Züchter Robert Harkness zu diesem Thema sagte er mir, daß es natürlich auch für ihn wichtig ist, möglichst pilzresistente Rosen zu züchten, denn welcher Rosenfreund liebt es schon, ständig mit irgendwelchen Mittelchen seine Rosen spritzen zu müssen, oder welcher noch unerfahrene Rosenfreund kommt nicht in Panik, wenn seine Rosen ab den heißen Sommermonaten nackt blühen, ohne schmückendes grünes Blattwerk? Nebenbei gesagt ist die Anfälligkeit für Pilzkrankheiten ein Kriterium bei der Vergabe von Prämierungen. Zurück zu meinem Gespräch mit Harkness hinsichtlich pilzresistenter Rosen. Er sagte: „Es ist durchaus möglich, eine Rose zu züchten, deren Blattwerk eine so dicke Wachsschicht hat, daß sich Pilzsporen kaum noch etablieren können. Auf der anderen Seite züchte ich dann eine Rose, deren Blätter wie die eines Gummibaumes aussehen werden. Außerdem würde sie auf wahrscheinlich sehr stacheligen Trieben wachsen und duftlos sein. Zwar kann die Blüte selbst sehr schön gestaltet werden, aber die Rose hätte keine Persönlichkeit mehr. Wir haben schon so viele seltsame Ergebnisse übertriebener Züchtungen gesehen, Hunde, die nicht mehr laufen können, weil sie zu lang und zu kurzbeinig sind, Katzen, die nicht mehr sehen können, weil ihr Fell am Kopf zu lang ist, Schweine, die nur noch stehen und liegen können, wegen ein paar Koteletts mehr. Wollen wir tatsächlich unsere Rosen überzüchten?"

Mangelerscheinungen bei Rosen

Wenn sich Blätter gelb verfärben und abfallen, ohne daß die typischen Merkmale einer Pilzkrankheit zu erkennen sind, liegt dies meistens daran, daß dem Boden Spurenelemente wie Eisen und Magnesium fehlen. Vor allem kalkhaltigen Böden mangelt es oft an Eisen. Wenn Sie einen organisch-mineralischen Dünger einsetzen, der Algen enthält, wird dieses Defizit ausgeglichen. Meeresalgen-Präparate gibt es in Fachgeschäften. Diese können direkt in die Erde eingearbeitet oder in Verdünnung mit Wasser gegossen oder dem Kompost beigemengt werden.

Schädlinge bei Rosen

Blattläuse

Wenn der Befall mit Blattläusen sehr stark ist, kann es passieren, daß Triebe und Knospen absterben, weil keine Nährstoffe mehr ankommen, sondern zuvor von den Läusen abgesaugt wurden. Deshalb sind Blattläuse auf jeden Fall zu entfernen. Wir haben es im Laufe einer Vegetationsperiode mit einem zweimaligen Blattläuse-Befall zu tun – der erste im Frühjahr mit überwinterten

Läusen, der zweite in der Jahresmitte mit den geflügelten Nachfahren. Obwohl ich sehr viele Rosen habe, komme ich mit den Blattläusen, ohne Gift zu spritzen, ganz gut klar. Nachdem ich mir gesagt hatte, daß Blattläuse nur das enthalten können, was auch in der Rose ist, ekle ich mich nicht mehr vor ihnen und kann ihnen, wann immer ich sie antreffe, mit bloßen Fingern den Garaus machen. Wenn Sie diese Erkenntnis noch nicht verinnerlicht haben, sollten Sie dünne Handschuhe anziehen. Ich streiche mit meinen Fingern von unten in Richtung Triebende oder Knospe, ganz zart, um die Rose nicht zu verletzen und doch mit genügend Druck, um die Blattläuse beim Abstreifen zu zerquetschen. Offensichtlich haben die an der Rose verbleibenden Reste der Läuse eine Signalwirkung auf andere, denn die so abgestreiften Triebe werden nur selten von weiteren Läuse besiedelt. Wenn Mitte des Jahres die zweite Population anrückt, wiederhole ich das Prozedere.

Auch Vögel und Insekten helfen uns bei der Vernichtung: Meisen und Spatzen und andere insektenfressende Vögel knabbern die Läuse von den Trieben ab. Die wirkungsvollste Waffe gegen Läuse sind aber die Larven des Marienkäfers. Sie sind höchsten 1 cm lang, schwarz und tragen auf dem Rücken gelbe oder rote Punkte. Auch die erwachsenen Marienkäfer fressen Blattläuse.

Ameisen

Wenn die Rose ihre Blätter hängen läßt und einen gravierenden Mangel signalisiert, hat sich oft ein Ameisenvolk am Fuß der Rose etabliert. Ameisen siedeln sich gerne am Wurzelstock einer Rose an. Sie melken die Läuse und tragen die Läuse-Brut an noch nicht befallene Triebe. Außerdem bieten die holzigen Wurzeln gute Verstecke, und die gute, lockere Erde ist ein ideales Terrain für ihre Gänge. Reichliches Wässern oder ein umweltfreundliches Mittel können die Ameisen vertreiben. Das Ameisenvolk muß von der Rose entfernt werden.

Raupen

Zu erkennen ist ein Raupenbefall, wenn Löcher in Blättern entstehen oder im schlimmsten Falle Blätter bis auf das Skelett abgenagt und junge Triebe abgefressen sind. Manchmal sind die Raupen sehr klein, nicht länger als 5 mm, und Sie müssen schon jedes Blatt mehrere Male herumdrehen, bis Sie diese finden. Es ist jedenfalls immer angebracht, so lange zu suchen, bis der Schädling gefunden wird. Streifen Sie die Raupe über einem Teller ab, damit sie nicht ins Beet fällt, und zertreten Sie sie. Tut sich eine ganze Raupen-Kolonie an einem bereits entsprechend angefressenen Blatt gütlich, schneiden Sie es ab und treten Sie auf das Blatt. Falls es in Ihrem Garten noch ein funktionierendes Öko-System gibt, werden Ihnen die Vögel diese Arbeit bei größeren Raupen abnehmen. Die Eltern der Raupen sind übrigens Motten, die den Rosen selbst nicht schaden.

Blattrollwespe

Die Blattrollwespe sieht aus wie eine Fliege mit gespreizten Flügeln. Sie injiziert in den Stiel des Blattes ein Gift, das die Blätter veranlaßt, sich zusammenzurollen. Gemeinerweise legt sie nur in jedes zehnte Blatt ein Ei, aus welchem sich dann die Larve entwickelt. Lassen Sie diese Blätter am Strauch, denn es schädigt die Rose mehr, wenn sie alle zusammengerollten Blätter verlieren würde. Behalten Sie die befallenen Blätter im Auge. Sobald Löcher oder abgefressenes Oberflächengewebe zu sehen sind, schneiden sie diese Blätter ab und zertreten sie. Der Rosenstrauch wird sich bald wieder erholen, er leidet nur wenig unter der Unterbrechung seiner Entwicklung.

Rosentrieb-Bohrer

Wenn bei einem gerade sich entwickelnden schönen Trieb einer Rose plötzlich die Spitze und die sich darunter befindlichen Blätter schlapp nach unten hängen, liegt es an der Made dieses Insekts.

Auch hier handelt es sich um ein mottenähnliches Insekt, welches in einen Rosentrieb ein Ei legt. Die Made entwickelt sich im Mark der Rose und frißt dieses aus. Ist die Rose so geschädigt, können keine Nährstoffe mehr weitertransportiert werden. Auch wenn das Herz blutet, denn irgendwie schafft es diese Made immer, in die schönsten, hoffnungsvollsten Rosentriebe zu gelangen, hilft hier nur noch die radikalste Methode: Sie schneiden mit der Rosenschere den Trieb bis kurz über dem untersten, noch intakten Blatt ab. Wenn Sie Glück haben, sehen Sie die Raupe bereits. Wenn nicht, schneiden Sie den abgeschnittenen Trieb in kleinen Stückchen immer weiter nach oben hin durch. Meistens werden Sie die Raupe dann entdecken und können sie vernichten. Wenn nicht, steckt sie noch im Trieb in Richtung des unversehrten Blattes. Sich bei diesem Schädling über Chemikalien den Kopf zu zerbrechen ist müßig, die Motte zu treffen ist praktisch unmöglich, und die Raupe selbst ist im Trieb gut geschützt, bis wir den Schaden entdecken und handeln können.

Rote Spinne

Bei einer auf freiem Feld kultivierten Rose habe ich diesen Schädling noch nicht angetroffen. Vorkommen kann er allerdings bei Rosen, die als Container-Rosen (Rosen im Topf) gekauft wurden, da diese in der Regel einige Monate im Gewächshaus gezogen wurden. Gewächshäuser sind eine ideale Brutstätte für die Rote Spinne, da die Eier kaum einer längeren Frostperiode ausgesetzt werden. Es handelt sich hierbei um Spinnmilben, die sich an der Unterseite der Blätter vermehren. Bemerkt werden sie erst, wenn die Blätter ihre Farbe verlieren, schlapp werden und abfallen. Die Bekämpfung ist schwierig, als natürlich wirkendes Mittel ist mir nur ein Teer-Öl-Produkt bekannt, das zwar in England, nicht jedoch bei uns in Deutschland zugelassen ist.

Rosenkäfer

Ich habe zwei Sorten von Rosenkäfern näher kennengelernt: Kleine schwarze, etwa 3 bis 5 mm große ovale Käfer, die fliegen können und an den Staubfäden der Rosen umherkrabbeln. Eine Schädigung der Rosen konnte ich nicht feststellen. Wahrscheinlich fressen sie Blütenstaub. Der „Goldkäfer" ist aber ein unangenehmer Geselle. Den ersten sah ich, nachdem unser Garten schon einige zig Rosen beherbergte. Ich nehme an, daß er sich auf einem Grundstück mit „normalem" Rosenbewuchs eher selten zeigt. Zunächst war ich begeistert von diesem schönen Käfer. Er hat den Wuchs eines Kartoffelkäfers, ist aber etwas größer. Sein harter Chinin-Panzer leuchtet tatsächlich wie Gold mit einem Schimmer von Rosa und Grün. Leider hat er eine Vorliebe für junge, sich gerade entwickelnde Rosenknospen und frißt ganze Stücke heraus. Manchmal gelingt es der Rose dennoch, ihre Blüte – wenn auch verunstaltet – zu öffnen. In den meisten Fällen durchtrennt der gefräßige Genosse wichtige Nährstoff-führende Adern, und die Knospe stirbt ab. Ich gehe mit einem Einmachglas auf die Jagd und streife die Käfer von den Rosen ab. Um sie nicht unnötig leiden zu lassen, vergifte ich anschließend die krabbelige Gesellschaft. Es hätte keinen Zweck, sie irgendwo in der Landschaft freizulassen. Sie haben Flügel und riechen eine gute Nahrungsquelle, sprich viele Rosen, aus großer Entfernung.

Dieses von einer Rankrose wie 'Félicité et Perpétue' berankte Gartenhaus ist so einladend dekoriert worden, daß es sicherlich nicht nur als optischer Blickfang, sondern auch zum ruhigen Verweilen oder zum Plausch mit Freunden genutzt wird. In ein paar Jahren wird vom Dach nichts mehr zu sehen sein, da es von Tausenden von Rosenblüten und im Herbst Hagebutten bedeckt sein wird.

Die neuen Rosen kommen an

Meistens kommen die Rosen dann bei Ihnen an, wenn es im Garten ungemütlich ist: Anfang November oder Anfang März. Die Rosen werden zum Versand gebündelt und sind auf diese Weise so unverwundbar wie ein Reisigbesen. Es gibt nur ganz wenige durch den Transport beschädigte Rosen. Sollten sie während des Transportes Frost bekommen haben, lassen Sie sie in Ruhe an einem kühlen, frostfreien Ort auftauen. Sind sie durch einen zu langen Transport oder eine warme Zwischenlagerung in einem Depot angetrocknet, dürfen sie nicht gleich gepflanzt werden, sondern müssen sich erst voll Wasser saugen, die Wurzeln wie auch die oberirdischen Teile. Legen Sie sie dazu in eine Wanne mit kaltem Wasser oder eine Furche und schlämmen Sie sie ein. Lassen Sie das Wasser 24 Stunden in einem dünnen Rinnsal hineinlaufen. Bei dieser Gelegenheit nehmen die Wurzeln gleich noch Spurenelemente des Bodens mit auf. Dieses Prozedere dürfte selten vonnöten sein, da Rosen recht zähe Gesellen sind, anders als weichtriebige Stauden. Sie sind eben Gehölze und durch ihre holzige Natur von solider Grund-Konsistenz. Doch eines sollten Sie unbedingt vermeiden: sie einfach irgendwo liegenzulassen. Ohne Feuchtigkeit, womöglich noch an einem warmen Ort, trocknen Wurzeln und Triebe aus, und die Rose ist verloren.

Wenn Rosen aus dem Feld genommen werden, findet gleichzeitig ein Rückschnitt statt. Mit Ausnahme von einmalblühenden Rosen haben alle im Jahr vor dem Versand zu Ihnen bereits geblüht und hatten entsprechend lange Triebe. Der Rückschnitt im Feld wird mit einer Maschine durchgeführt. Entsprechend unsauber sind oftmals die Schnittstellen. Schneiden Sie diese mit einer guten Rosenschere nochmals nach.

Zu diesem Thema erinnere ich mich an eine Begebenheit aus dem Jahr 1996: Eine Kundin hatte eine ziemlich große Menge Rosen bestellt. Als sie bei ihr eintrafen, rief sie völlig aufgelöst an: Der Garten sei noch eine reine Baustelle, der Gartenbaubetrieb würde wenigstens noch zwei Wochen arbeiten, bis die Rosen gepflanzt werden könnten. Kein Fleckchen gäbe es zum Einschlagen, und es gäbe auch keinen kühlen Keller, um die Rosen zwischenzulagern. Allerdings gäbe es ein wenig benutztes Gästebad mit einer Badewanne, welches sie unbeheizt lassen könne. Wir kamen überein, daß die Rosen in der Badewanne mit einem Tuch bedeckt liegen könnten. Natürlich sollte sie das Tuch jeden Tag befeuchten, es tagsüber über den Wurzeln belassen und dabei das Fenster leicht öffnen, damit die Triebe keinen Schimmel ansetzen. Einige Wochen später, die Rosen waren zwischenzeitlich in der Erde, rief diese Kundin wieder an. Vorwegnehmen sollte ich noch, daß ihr Mann weder am Garten noch an den Rosen Interesse hatte. Sie erzählte mir, daß sie eines Nachts aufwachte und das Bett ihres Gatten leer war. Etwas beunruhigt stand sie auf, um ihn zu suchen. Im Gästebad war Licht, und als sie es betrat, sah sie ihren Mann, wie er am Rand der Wanne mit den Rosen kauerte und das Tuch hochgehoben hatte. Er sagte, er hätte einen komischen Traum gehabt und wollte sehen, ob die Rosen noch lebten. Diese „Begegnung mit Rosen" hatte meinen heutigen Kunden gewandelt. In den folgenden Jahren rodete er freiwillig große Parzellen des Gartens, um Platz für weitere Rosen zu schaffen. Rosen sind schon seltsame Weggefährten des Menschen. Sie schleichen sich ins Herz hinein, ohne daß es einem richtig bewußt wird. Manchmal entwickelt sich auch eine große Liebe, die einen nicht mehr losläßt. So war es auch, als ich meine erste Historische Rose kennenlernte. Es war in England, einige Jahre bevor ich meinen Betrieb gründete. Mit meinem Mann besuchte ich einen Rosengarten. Es war Mitte Juni, alle Rosen waren in voller Blüte. Irgendwo in der Mitte eines Beets

blieb ich stehen, weil es dort überaus intensiv duftete. Der Duft war sowohl rosig und süß als auch herb und moosartig. Dann erblickte ich eine voll gefüllte, zart-rosafarbene Rose. Sie hatte ihre Blüte in meine Richtung gereckt. Am Blütenboden lagen die goldfarbenen Staubgefäße, der süße Duft entströmte direkt dieser Mitte. Es war die Moosrose 'Alfred de Dalmas', die ich seither in dieser Schönheit niemals wieder gesehen habe. Aber was macht das schon, eine richtige Liebe dauert ewig.

Mit ihren schönen Blüten bedankt sich 'Rose des Cisterciens' für das Anhäufeln im Winter und für den Rückschnitt und die Austriebsdüngung im Frühjahr. Sie würde es auch deutlich zeigen, wenn sie in dieser Beziehung vernachlässigt wurde.

Umpflanzen von bereits etablierten Rosen

Normalerweise wird der Standort einer Rose so gewählt, daß sie dort während der nächsten Jahrzehnte bleiben kann. Nun wissen wir alle, daß nichts so beständig ist wie die Veränderung. Sie haben beispielsweise den Wunsch, ihren Garten vollkommen umzugestalten, oder der Nachbar tritt an Sie heran mit dem Begehren, die Wand, welche nach Absprache mit ihm vor vielen Jahren mit Rosen geschmückt wurde, zu verputzen oder andere bauliche Veränderungen vorzunehmen. In der Zeit ab Mitte Oktober bis Mitte März ist es möglich, etablierte Rosen zu verpflanzen, ohne sie allzu sehr zu schädigen. Während der restlichen Monate eines Jahres rate ich davon ab, weil die Rosen dann voll im Saft stehen und jede Störung ihrer Wurzeln mit einem Verlust von Trieben parallel läuft. Gehen wir davon aus, daß Sie die Rose in der kalten Jahreszeit bei frostfreier Witterung ausgraben. Betrachten Sie zunächst den Wuchs der Rose. Ihr Wurzelballen hat die gleiche Breite wie die Triebe. Auf Höhe der Triebenden, maximal 30–50 cm von der Basis der Rose entfernt, stechen Sie mit dem Spaten ein und graben nach unten. Wenn sich der Rosenstrauch auf Druck des Spatens leicht bewegen läßt, zeigt dies, daß er an der Stelle, wo Sie gerade graben, nicht viele wichtige Wurzeln gebildet hat. Er zeigt an anderen Stellen durch heftigen Widerstand aber auch, daß sich gerade dort seine Hauptwurzeln befinden. Dort sollte besonders vorsichtig und tief gegraben werden, um so viele Wurzeln wie möglich unversehrt ausgraben zu können. Es wird Ihnen nicht gelingen, einen etablierten Rosenstrauch vollkommen auszugraben. Rosen bilden Pfahlwurzeln, die bis zum Grundwasserspiegel reichen können. Kürzen Sie nach dem Ausgraben die Triebe der Rose in etwa auf die Länge der ihr noch verbleibenden Wurzeln. Anschließend verpflanzen Sie die Rose an ihren neuen Platz oder Sie pflanzen sie für eine Übergangzeit in einen großen Kübel oder schlagen sie in Erde ein, wobei diese beiden zuletzt genannten Alternativen für die Rose – und auch für Sie – den meisten Streß bringen werden, denn die Rose muß weiterhin neue Saugwurzeln bilden können, um zu überleben. Dies bedeutet, daß die Wurzeln weder Trockenheit noch zu viel Feuchtigkeit haben dürfen. Schon jahrzehntealte Rank- oder Kletterrosen werden ein Umpflanzen nur in den seltensten Fällen überleben. Das zuvor Gesagte trifft nur auf Strauchrosen zu.

Die Rosen und Stauden in diesem Beet wurden mit viel Fingerspitzengefühl und vor allem zum gleichen Zeitpunkt gepflanzt. Hierdurch konnten die verschiedenen Pflanzen ihr Terrain abstecken und sich aneinander gewöhnen. Sollte hier eine neue Rose gepflanzt werden, müßte ein großes Pflanzloch gegraben und die Erde ausgetauscht werden. Je nach Nachbarpflanze ist eine Wurzelsperre einzubringen.

Schnitt, Pflege und Düngung von Rosen

Dies ist ein wichtiger Abschnitt, damit wir jedes Jahr aufs Neue Freude an unseren Rosen haben werden. Deshalb teilen wir dieses Kapitel in drei Teile ein: Schnitt – Pflege des Standorts – Düngung

Den Schnitt unterteilen wir in: Schnitt von einmalblühenden Rankrosen, Schnitt von Wildrosen und Schnitt von einmalblühenden Strauchrosen (unter Strauchrosen verstehen wir Sorten, die ohne Stütze wachsen), Schnitt von modernen Strauchrosen und Schnitt von Kletterrosen

Allgemein ist zu diesem Thema zu sagen, daß nur mit einer guten, sauber schneidenden Schere geschnitten werden darf. Unsaubere Schnittstellen verheilen schlecht und nehmen der Rose unnötig Kraft. Zum anderen können sich Krankheiten einnisten, die zum Absterben der Triebe führen können.

Schnitt von Rosen

Schnitt von einmalblühenden Rankrosen
Ich unterteile Rankrosen in zwei Gruppen, die „normal" rankenden und die „starkwüchsigen". Vorab ist zu sagen, daß Rankrosen im ersten Jahr nach der Pflanzung niemals blühen, sondern erst im Jahr darauf. Die Blätter sehen aus wie die von Wildrosen, meistens sind sie siebenblättrig.

Bei den „normal" wachsenden Rankrosen sind die Triebe dünn, mit den Jahren entwickeln sich nur die ersten 1–2 m über dem Boden zu dicken Trieben. Bis zu diesem Zeitpunkt wurde die Rose jedoch längst in die gewünschte Richtung gezogen. Die bis zu 6 m lang werdenden Triebe können Sie auf eine Hecke oder den Ast eines Baumes werfen oder dekorativ um einen kleinen Baum, um eine Säule, einen Obelisken oder eine dicke Kette winden. Keine Angst, die so geschaffenen Kunstwerke werden nicht herunterfallen. Dies verhindert die Rose durch Stacheln, die gebogen sind wie Katzenkrallen. Betrachten Sie diese Triebe als Leittriebe, ziehen Sie weitere sich bildende Triebe in dieselbe Richtung oder in eine andere, je nach Platz und Gestaltungswunsch, und schneiden Sie unerwünschte Seitentriebe ab. Oder sie lassen die Rose wie einen Wasserfall über eine Mauer oder einen Hang hinunterwachsen. Damit vermeiden Sie auch, daß sich Unkraut breitmacht. Rankrosen werden in jeder Blattachsel einen Blütentrieb ansetzen und nach der Blüte Hagebutten bilden. Diese spiegeln dann die Größe der Blüten wider: Hatte die Rose kleine Blüten in Dolden angesetzt, werden sich ebensolche Hagebutten bilden. Im Laufe eines Jahres bilden sich weitere lange Seitentriebe. Kürzen Sie diese, wenn die Rose „in Form" bleiben soll, Ende September auf zwei bis fünf Augen zurück.

Bei den „starkwüchsigen" Rankrosen sollten Sie zunächst ganz genau überlegen, wo diese ausladenden Sträucher über die nächsten Jahrzehnte wachsen sollen. Eine Rose dieser Art genügt, um einen Schuppen völlig zu bedecken oder einen Wintergarten oder einen Biergarten zu beschatten. Können Sie sich vorstellen, einmal in einem Biergarten zu sitzen, der völlig mit einer Rankrose bewachsen ist, wobei das Blütendach aus Tausenden nach Wildrose duftenden Blüten besteht? Ich kann dies beim Anblick der duftenden Teppiche von 'Bobbie James' und 'Brenda Colvin' durchaus nachvollziehen. Wenn die Rose jung ist, haben Sie die Möglichkeit, sie in die gewünschte Richtung zu ziehen. Wählen Sie als Rankhilfen massive Gestelle oder am besten gleich eine Mauer oder ein Gebäude. Zurückschneiden sollten Sie bei einer solchen Rose nur Triebe, die herunterhängen und stören. Schneiden Sie einen Haupttrieb zurück, werden sich gleich zwei oder mehrere weitere Haupttriebe bilden. Wenn ich an das Märchen von Dornröschen denke, waren es sicherlich ein paar dieser Rankrosen, die den Zugang zum Schloß undurchdringlich machten.

Schnitt von Wildrosen

Wildrosen können in jede gewünschte Form zurückgeschnitten werden. Selbst wenn einer 'Complicata' nur noch 1 m lange Triebe bleiben (dies nur als Beispiel, weil Wildrosen normalerweise an Stellen gepflanzt werden, wo sie ihr ungestümes Wachstum voll entfalten können), wird sie dennoch mit aller Kraft blühen und Hagebutten tragen. Je nach Standort schneiden Sie demnach eine Wildrose zurück oder lassen Sie sie wachsen.

Schnitt von einmal blühenden Strauchrosen

In aller Regel handelt es sich bei solchen Rosen um historische Sorten oder um einmalblühende und danach Hagebutten tragende Rugosa-Rosen. Diese sehen wir oft in städtischen Anlagen oder als Begrenzung von Straßen. Sie blühen an Trieben, die im Jahr zuvor gebildet wurden. Kürzen Sie solche Rosen im Frühjahr stark ein, werden Blüten nur noch an den wenigen noch verbleibenden Augen entstehen. Diese sind dann zwar sehr schön und perfekt, denn die Rose wird all ihre Kraft in diese wenigen, restlichen Blüten setzen, aber Sie verpassen dann das Schauspiel der mächtigen Rosenblüte einmalblühender Sorten. Der Rückschnitt ist wie folgt durchzuführen: Wenn die Blüte der Rose spätestens Ende Juli vorüber ist, haben sich Triebe gebildet, die höher sind als die, an welchen die Rose geblüht hatte. Diese Triebe kürzen Sie auf die Höhe der abgeblühten Blüten. Wenn es sich um eine Hagebutten tragende Sorte handelt, schneiden Sie die verblühten Rosen nicht ab. Bei anderen ist es sinnvoll. Im Laufe des Sommers bilden solche Rosen wiederum Triebe, die länger sind als die im Juli zurückgeschnittenen. Kürzen Sie diese im September wiederum auf diese Höhe. Wenn sich im Laufe der Jahre in der Mitte des Strauches abgestorbene Triebe zeigen, werden diese über der Erde abgeschnitten. Sie nehmen unnötig Licht weg und können von Pilzen befallen werden.

So geschnitten bleiben einmalblühende Strauchrosen in Form und bringen im nächsten Jahr ihre maximale Blühleistung. Aus dem zuvor Gesagten läßt sich ableiten, daß eine junge, einmal blühende Strauchrose im ersten Jahr nach der Pflanzung höchstwahrscheinlich nicht blühen wird, da ihre Triebe für den Transport eingekürzt wurden.

Schnitt von modernen Strauchrosen

Diese Rosen sollten dreimal im Jahr zurückgeschnitten werden.

Frühjahrs-Rückschnitt:

Hiermit erziehen Sie die Rose, helfen ihr, die optimale Blühleistung zu erreichen und in Form zu bleiben. Es ist ein physikalisches Gesetz, daß der meiste Saft in die höchste Stelle eines Gehölzes geführt wird. Für eine Rose bedeutet dies, daß der dickste, längste Trieb vorrangig mit Nährstoffen versorgt wird, die anderen weniger hohen Triebe müssen mit weniger auskommen. Deshalb schneiden Sie alle guten Triebe auf dieselbe Länge zurück. Es gibt eine Faustregel, die bei den meisten wiederholt blühenden Strauchrosen für den Frühjahrsschnitt angewendet werden kann: Sie kürzen um Zweidrittel der gesamten Trieblänge. Dies bedeutet: Hat eine Rose im Herbst eine Trieblänge von 1 m, kürzen Sie diese auf etwa 30 cm zurück. Nach innen wachsende Triebe schneiden Sie heraus, ebenso werden dünne Triebe direkt am Stamm abgeschnitten.

Sommer-Rückschnitt:

Nach der ersten Blüte schneiden Sie die verblühten Blüten bis zum ersten gut entwickelten Blatt (5blättrig, unverletzt) ab. Um das in der Blattachsel befindliche Auge nicht zu verletzen, schneiden Sie etwa 1 cm oberhalb des Blattes. Achten Sie bei diesem Rückschnitt auch wieder darauf, daß die guten (dicken) Triebe etwa gleich lang sind.

Winter-Rückschnitt:

Ich empfehle diesen Schnitt im Oktober nur für Gegenden, in denen viel Schnee zu erwarten ist, da lange Triebe durch die Last des Schnees eher abgebrochen werden als kürzere, und für Gegenden mit starkem Wind. Schneiden Sie die Triebe um ein Drittel ihrer Gesamtlänge, im Frühjahr werden sie nochmals um ein Drittel eingekürzt.

Schnitt von Kletterrosen

Im ersten Jahr nach der Pflanzung schneiden Sie nicht. Sie versorgen lediglich die Triebe: die dicken Triebe einer solchen Rose sind ihre Leittriebe und werden fächerförmig angebunden, d. h. der Abstand zwischen den Trieben sollte möglichst groß sein, damit sich die Seitentriebe, an denen die Rose in den Folgejahren blühen wird, entfalten können. Manchmal wird es nötig sein, diese Triebe im zweiten und dritten Jahr erneut mit größerem Abstand anzubinden. In den Folgejahren kürzen Sie die Seitentriebe im Frühjahr auf etwa 5 Augen zurück.

Pflege des Standorts

Rufen wir uns zu Beginn dieses Kapitels nochmals die wichtigsten Merkmale der Rose ins Gedächtnis: Sie zählt zu den Gehölzen und bleibt jahrzehntelang am gleichen Standort. Sie ist nicht 100prozentig winterhart, und Triebe brechen unter Schnee- und Windlast.

Wenn wir also die Pflanze Rose ernst nehmen und ihr ihren Aufenthalt in unserem Garten oder im Topf so angenehm wie möglich machen wollen, ist über die Jahre gesehen hinsichtlich ihres Standorts eigentlich nur folgendes zu beachten:

Den Fuß um die Rose, damit meine ich einen Durchmesser von mindestens 40 cm oder auch weniger, wenn es sich um eine klein bleibende Sorte handelt, müssen Sie von Unkraut oder wuchernden Pflanzen freihalten. Dies ist auch deshalb nötig, weil die Rose während der Vegetationsperiode an dieser Stelle gedüngt werden sollte. Mulchen sollten Sie nur mit einem Material, das nur sehr langsam verrottet und dem Boden hierdurch keine Nährstoffe entzieht.

Die Rose mag es, wenn die Erde um sie herum nicht fest, sondern locker ist. Zum Auflockern benutzen Sie auf keinen Fall einen Spaten, hiermit würden Sie Wurzelenden kappen, sondern eine langzinkige Rosengabel. Unkraut wird herausgezupft oder mit einem guten Unkrautjäter entfernt.

Unabhängig davon, wo Sie wohnen, sollten Rosen im Winter, und vor allem bis in den April hinein, angehäufelt werden. Leben Sie in einer Gegend mit harten Wintern und langen Frostperioden, sollte dieser Schutz natürlich anders aussehen als in eher milden Regionen. Am besten ist es, Sie orientieren sich an Nachbarn, die schon lange Rosen im Garten haben. Fragen Sie ruhig, wie diese Gartenfreunde ihre Rosen über Winter schützen. Mehr Erfahrungswerte können Sie in keinem Buch der Welt finden. Falls es solche Nachbarn nicht gibt, fragen Sie in der nächsten guten Gärtnerei nach. Grundsätzlich ist zu diesem Thema zu sagen: Angehäufelt wird mit Gartenerde, der Kompost beigemischt wurde. Herbstlaub und Tannenzweige schützen zusätzlich. Wohnen Sie in einer Gegend mit viel Schnee oder viel Wind, schneiden Sie Strauchrosen im Herbst um ein Drittel ihrer Gesamtlänge zurück, damit lange Triebe nicht abbrechen. Ich habe es in Japan und den Seealpen in Frankreich gesehen, daß Rosen mit Gestellen vor Schneebruch geschützt worden waren. Dazu wurden um jede Rose Pfähle gesteckt und oben wie ein Zelt zusammengebunden. Das Ganze wurde mit einem atmungsaktiven Vlies umspannt. Das Vlies war unten mit Steinen fixiert worden, damit es vom Wind nicht weggeblasen werden konnte.

Stützen, Rank- und Kletterhilfen

Faustregeln

- Binden Sie die Rosentriebe niemals mit blankem Draht an einer Stütze fest. Der Draht verletzt die Außenhaut der Stengel und unterbricht hierdurch den Transport von Nährstoffen. In solchen Verletzungen können sich auch Krankheitserreger einnisten. Benutzen Sie zum Anbinden weiche Materialien wie einen ummantelten Draht, Kunststoff oder einen Strick.

- Rankhilfen sollten aus massivem Material bestehen. Ein Bambus-Stock ist für eine Hochstamm-Rose völlig unzureichend und wird beim nächsten stärkeren Wind abgebrochen.

Auch stabilere Gestelle können dem Sturm manchmal kaum Widerstand bieten. In meinem Garten stand die Kletterrose 'Madame Alfred Carrière' an einem Rosenbogen aus Stahlrohr, das immerhin eine Materialstärke von 2 cm hatte. An der Seite, wo wir die Rose angebunden hatten, war der Rosenbogen nach dem Sturm so verdreht, daß er einem Korkenzieher glich. Seltsamerweise steckte er noch immer im Boden, und auch die Verbindungsstellen zwischen den Rohren waren noch intakt. Die Rose schwang über dem halb am Boden liegenden Rosenbogen hin und her.

- Triebe niemals so anbinden, daß sie sich überkreuzen. Durch die Stacheln wird ihre Haut verletzt. Bei einem Wandgerüst dürfen die Triebe nur vorne angebunden werden, also nicht durch das Gerüst „hindurchfädeln", da auch dabei ihre Haut verletzt wird. Bei jedem Zentimeter, den die Rose wächst, würde sie am Gerüst schaben.

Das Gerüst sollte mit einem Abstand von etwa 10 cm von der Wand entfernt angebracht sein. Nur so können Sie das Bindematerial hinter dem Gerüst hindurchziehen, und es ist eine Hinterlüftung möglich.

Strauchrosen mit langen Trieben

Bei manchen Strauchrosen wachsen die Triebe nicht starr aufrecht, sondern bogig. Ragen solche Triebe auf die Terrasse, in den Rasen oder einen Weg, müssen sie abgeschnitten oder an einer Stütze angebunden werden. Verwenden Sie dazu Stäbe aus Vierkantstahl oder Strauchhalter aus Draht mit einer Materialstärke von 3 – 5 mm.

Kletter- und Rankrosen

Möchten Sie starkwüchsige Rank- oder Kletterrosen wie die zuvor genannte 'Madame Alfred Carrière' an einem Rosenbogen wachsen lassen, ist bei Stahlrohr eine Materialstärke von 2,5 cm anzuraten, besser noch ist ein Rosenbogen aus massivem Stahl. Kletterrosen, die höher werden als 4 m bezeichne ich als starkwüchsig, im Kapitel Rankrosen wurde auf besonders mächtig werdende Exemplare hingewiesen. Normal wachsende Rank- und Kletterrosen können durchaus an Rosenbögen aus Stahlrohr mit einer Materialstärke von 2 cm gezogen werden. Generell abzuraten ist von Bögen aus dünnerem Material oder aus Kunststoff.

Soll die Rose eine Wand beranken, kann ein Holzspalier Verwendung finden, dessen Materialdicke nicht unter 2 cm liegen sollte. Außerdem sollte das Holz imprägniert und mehrfach lackiert sein. Eine ausgewachsene Kletterrose vom Gerüst entfernen und wieder neu anbinden sollte man nur mit dornendichten Handschuhen, dicker Jacke und Schutzbrille. Sie können sich auch leicht eine Kletterhilfe selbst bauen, wenn Sie kein Gerüst wünschen: Besorgen Sie sich vom Schmied 5 mm starke Flachstahl-Profile in L-Form, die an den Enden Löcher haben. Dübeln Sie das eine Teil des „L" an die Wand. In einem Abstand von maximal 3 m wird parallel dazu ein weiteres L-Profil befestigt. Ziehen Sie nun einen Draht von Profil zu Profil, den sie an den Löchern des von der Wand abstehenden Teils des „L" befestigen. Der erste

Der Standort von 'Zéphirine Drouhin' wurde gut gewählt: Sie steht an einer Ostwand ohne Nachmittags-Sonne und bleibt in dieser Lage gesund. Außerdem halten die Blüten länger als an anderen sonnigeren Standorten.

Die Vielseitigkeit von 'Complicata' zeigt sich auf dieser Abbildung. Sie wurde am Rosenbogen rechts und links zusammen mit einer rot blühenden Klematis gepflanzt und wird diesen nach einem weiteren Jahr völlig berankt haben. Nach den schönen Blüten dürfen wir uns auf Hagebutten mit einem Durchmesser von etwa 1 cm freuen.

Draht sollte 1 m über dem Boden gezogen werden, nach oben hin wiederholen Sie das zuvor Gesagte alle 60 cm so lange, bis die maximale Trieblänge der Rose versorgt werden kann.

Reizvoll ist auch eine wie ein Raumteiler im Garten stehende Kletterrose, die an einem Holzgerüst gezogen wurde. Besorgen Sie sich Spezial-Bodenanker für einen festen Halt des Gerüstes im Boden, vermeiden Sie es, betonieren zu müssen, da Beton im Garten immer einen ungünstigen Einfluß auf die Pflanzen hat.

Düngung von Rosen

Wenn Sie sich intensiv mit Rosen beschäftigen, wachsen sie Ihnen nicht nur ans Herz, sie werden mit Ihnen auch kommunizieren. Wenn mir ein Rosenfreund erzählt, er habe seine Rosen einmal im Frühjahr gedüngt, frage ich ihn, ob ihm ein einmaliges, überreichliches Gericht für den Rest des Jahres ausreichen würde. Unbestritten gibt es im Reiche der Flora Spezies, die mit einem Minimum an Nährstoffen auskommen, manche würden bei einem guten Nährstoff-Angebot sogar absterben. Bei einer Rose ist das ganz anders. Sie zählt zu den Feinschmeckern im Pflanzenreich und wird nur dort ihre ganze Schönheit entfalten können, wo ihr alle Nährstoffe zur Verfügung stehen.

Ich gehe davon aus, daß Sie den Wert Ihrer Rosen kennen und sie nicht einfach irgendwo eingegraben und vergessen haben. Ansonsten hätten Sie dieses Buch nicht gekauft. Wir betrachten die Rose somit als Familienangehörige, eine Art „Hausgenosse", und ernähren sie so, wie es nötig ist, um sie gesund zu erhalten, sie zu größtmöglicher Leistung anzuspornen und um jahrzehntelang Freude an ihr zu haben. Dabei werde ich Sie in punkto Düngung nicht mit Fachausdrücken langweilen, was Sie hier lesen sind Erfahrungswerte, eigene und die meiner Kunden, die in ganz Deutschland und dem europäischen Ausland leben.

Blaukorn und andere Kunstdünger enthaltende Rosendünger:

Ich vergleiche solche Dünger gerne mit Präparaten, die Hochleistungs-Sportler zu sich nehmen, um innerhalb kurzer Zeit den größtmöglichen Erfolg zu erzielen. Bei Rosen wirken sie sich ähnlich aus, sie wachsen zwar schnell und blühen gut, die Triebe sind jedoch nicht stabil, sondern eher schwammig und anfällig für Krankheiten. Eine andere, sehr unangenehme und sich über die Jahre hinweg immer mehr akkumulierende Nebenerscheinung solcher Dünger sind Salze, die von der Rose nicht aufgenommen werden und sich im Boden anreichern. Dies führt – meiner Meinung nach – zur gefürchteten „Bodenmüdigkeit" bei Rosen. In der Praxis sieht dies so aus, daß die Rose trotz „Düngung" jedes Jahr weniger blüht und immer mehr Triebe absterben. Wird weiterhin, und manchmal noch verstärkt, mit diesen Stoffen gedüngt, beschleunigt sich der Prozeß.

Organisch-mineralische Dünger:

Schon vor Jahrhunderten, lange bevor es Kunstdünger gab, wurden Rosen in Gärten gehalten, und wir kennen Exemplare, die älter sind als viele Menschenleben. Gedüngt wurden diese Rosen mit Kompost, tierischen Fetten und Holzasche. Waren Meeresalgen und Zwiebeln verfügbar, wurden diese dem Kompost zusätzlich beigemischt. Mit tierischen Abfällen wie Knochen- und Blutmehl wurde ebenfalls gedüngt. Ganz wichtig war Dung, wobei das Zusammenmischen der einzelnen Dungsorten von Kühen, Pferden, Schafen, Ziegen, Geflügel und Kleintieren wie Hasen einer Menge Erfahrung bedurfte, denn je kleiner das Tier, desto schärfer der Dung – eine alte Regel. Die Mischung wurde ein Jahr lang abgelagert, im besten Falle noch mit Küchenabfällen und Meeresalgen kompostiert, und es entstand ein hervorragender Dünger, der den Nahrungsbedarf der Rose abdeckte. In heutzutage angebotenen organisch-mineralischen Düngern sind ähnliche Stoffe enthalten.

Dünger-Intervalle:

Eine Rose besitzt keine Speicher-Wurzeln und nimmt während der Vegetationsperiode unterschiedlich viele Nährstoffe auf. Somit sollten wir uns bei der Düngung von Rosen an der Pflanze selbst orientieren, nicht blind an Empfehlungen auf der Packung.

Den größten Nahrungsbedarf hat eine Rose im Frühjahr, wenn sie neue Saugwurzeln für die kommende Saison bildet. Mit diesen Saugwurzeln nimmt sie die Nährstoffe auf, um neue Triebe auszutreiben, die dann die ersten Knospen bilden. Somit sollte sie zum ersten Mal gedüngt werden, wenn sich die ersten Augen öffnen.

Die erste Blüte im Mai/Juni ist für viele Rosensorten die üppigste im Jahr, einmalblühende Sorten beschränken sich auf diese eine. Nachdem die letzten Blüten des Frühjahrs verblüht sind, dies gilt für wiederholt blühende Rosen, benötigt die Rose wiederum Dünger für die nächste Blüte. Von Rose zu Rose dauert es unterschiedlich lange, bis die nächsten Knospen gebildet werden. Für Sie als Rosenfreund bedeutet dies, das Rosenbeet und jede einzelne Rose zu beobachten. Je eifriger eine Rose blüht, desto kürzer sind die Intervalle zwischen den Düngungen. Bei der Dosierung sollten Sie jedoch nicht übertreiben, die Rose wird dem Dünger nur das entnehmen, was sie in diesem Moment benötigt. Vertrauen Sie hierbei den Empfehlungen des Herstellers, und geben Sie nicht unnötig viel, obwohl dies bei einem organisch-mineralischen Dünger für die Rose kein größeres Problem darstellen würde, weil sich nichts Übriggelassenes anreichert, sondern von Mikro-Organismen verzehrt wird.

Manche Rosen haben noch Knospen und blühen, wenn der erste Frost einsetzt. Dann ist es Zeit, die Rosen für ihre Winterruhe anzuhäufeln und sie in windigen oder kalten Lagen um ein Drittel ihrer Gesamtlänge zu kürzen, damit sie ihren verdienten Winterschlaf halten können.

In diesem Moment fühle ich mich mit meinen Rosen immer sehr verbunden. Auch bei mir lassen die Aktivitäten nach, manchmal wünsche ich mir, ich könnte die kalte, unwirtliche Zeit genauso verschlafen wie sie. Aber bei den ersten warmen Sonnenstrahlen im Januar oder Februar beginnt der ganze herrliche Kreislauf von neuem. Die Tage werden länger, die Lebenslust steigt, alles fiebert dem nächsten Rosenjahr entgegen.

Bezugsquellen

Dies ist eine kleine persönliche Auswahl von Rosenschulen, die als Versandhäuser für die von mir vorgestellten Rosensorten fungieren und die zum Teil auch Zubehör versenden:

- Rosenbögen
- Gartenlauben
- Obeliske
- Deko-Produkte für den Garten

Country Garden Versand
Nagolder Str. 27
72119 Ammerbuch-Pfäffingen
Tel. 07073/2372
Fax 07073/7226
www.country-garden.de

- Historische Rosen und ihre modernen Züchtungen von Delbard, Harkness, Meilland/Strobel, Weihrauch
- Spezialdünger und Pflegeprodukte für Rosen
- Gartengeräte (Scheren, Rosengabeln, etc.)
- Rosenbögen/Obeliske
- Rosen-Delikatessen
- Geschenkartikel mit Rosen

LACON GmbH
J. S. Piazolostr. 4A
68766 Hockenheim
Tel. 06205/4001
Fax 06205/18574
www.lacon-rosen.de

- Rosen von Meilland/Strobel
- einige historische Rosen

Rosarot Pflanzenversand
Besenbek 4b
25335 Raa-Besenbek
Tel. 04121/423884
Fax 04121/423885
www.rosarot-pflanzenversand.de

- Historische Rosen
- moderne Rosenzüchtungen

Schmid Gartenpflanzen
Allgäuer Str. 15
87700 Memmingen
Tel. 08331/5314
Fax 08331/88409
www.schmid-gartenpflanzen.de

Rosarien und Rosengärten

Deutschland

Deutsches Rosarium Dortmund
An der Buschmühle 3
44139 Dortmund
Tel. 0231/50-26100

Europa-Rosarium Sangerhausen
Steinberger Weg 3
06526 Sangerhausen
Tel. 03464/572522

Europas Rosengarten
Rosengartenstraße
66482 Zweibrücken
Tel. 06332/479329

Frankreich

Jardin d'Angélique
Hameau du Pigrard (in der Nähe von Rouen)

La Roseraie de l'Hay les Roses
Rue Albert Watel
L'Hay les Roses (5 km südlich von Paris)

Rosengarten von Delbard
Jardin-Verger de Malicorne
Malicorne

Großbritannien

Mannington Garden
Norwich
Norfolk BA 5 2 RB

Mottisfont Abbey Garden
bei Romsey in Hampshire (nördlich von
Southampton)

The Gardens of the Rose
Chiswell Green
St Albans AL2 3NR

The Time-Trail of the Rose
Westfield Road
Wells, Somerset BA 5 2RB

Register

Impressum

Die Deutsche Bibliothek – CIP-Einheitsaufnahme

Rosen – Freunde fürs Leben / Marion Nickig
(Fotos). Lioba Riedel-Laule (Text). 1. Aufl.. –
Hamburg : Ellert & Richter, 2002
ISBN 3-8319-0089-2

Text: Lioba Riedel-Laule, Hockenheim
Fotos: Marion Nickig, Essen
Gestaltung: Büro Brückner + Partner, Bremen
Satz: KCS GmbH, Buchholz/Hamburg
Lithographie: Lithographische Werkstätten Kiel,
J & A Ratjen
Druck: Girzig + Gottschalk, Bremen
Bindung: Buchbinderei S. R. Büge GmbH, Celle